社会福祉法人はどこに向かうのか

関川 芳孝 編

大阪公立大学共同出版会

目　次

は じ め に

　新型コロナウイルス感染拡大により、事業の廃業・倒産・リストラが続いている。これによって、主としてアルバイト・派遣など非正規雇用を中心とし、失業者が増えている。2008年のリーマンショック後の状況を振り返るならば、雇用のセーフティネットが破綻すると、生活に困窮する者が増大する。ふたたび、公的なセーフティネットが必ずしも十分対応できない事態も想定される。主たる家計支持者が失業し、多額の借金の末に行方不明。生活基盤である住居を失い、ホームレス・路上生活者も増えるものと考える。こうした厳しい状況であるにもかかわらず、誰にも頼ることもできず、社会的に孤立した状況のなかで、うつ病やアルコール中毒の上、孤独死や自殺する者も増えることであろう。このような、経済変動に伴い拡大する福祉課題に対し、社会福祉法人は、どのように関わろうとするべきなのか。

　社会福祉法人には、貧困に関連する様々な生活不安に対し、生活弱者の命を守るセーフティネットとしての役割を担うことが本来的に求められている。つまり、生活保護や公的な福祉制度では対応できない生活ニーズに対応することは、社会福祉法人固有の事業分野、「一丁目・一番地」の事業であり最優先するべき経営課題といえる。社会福祉事業の主たる担い手である社会福祉法人が、この問題に対し直接向き合い、自発的に必要な福祉サービスを提供し、社会問題の解決に寄与することが大切といえる。あらためて、社会福祉法人の使命、慈善・博愛の精神に立ち戻り、対価を求めず先駆的・開拓的に事業展開してこそ、社会福祉法人の存在価値を明確にできる。

　2年前に出版した『社会福祉法人制度改革の展望と課題』において述べたように、社会福祉法人制度創設の趣旨からみても、このことがいえ

る。また、社会福祉法人制度改革では、社会福祉法人の役割として、制度事業の経営にとどまらず、既存の制度が対応しておらず事業に対し対価の支払いが期待できないため市場原理のもとでは対応できない部分を担うことをあらためて明確にした（社会福祉法24条2項）。社会福祉法人が、こうした役割を担う存在であるからこそ、イコールフッティングの立場から批判がされても、社会福祉法人は非課税に相応しいと反論できる。

さらに、中長期的の問題としては、人口減少・少子高齢化は、社会システムや地域社会のあり方にも今後大きな影響を及ぼす。人口減少・少子高齢化が進むなかで、特定の地域においては、公共交通機関の廃止、公的施設の閉鎖、商店の廃業などによって、住民の生活を支えてきた生活インフラが徐々に機能不全となり崩壊していく。過疎地域においては将来存続が危ぶまれる地方自治体もある。厳しい財政事情のもとでは、本来自治体の公的責任と考えられてきた道路・公共施設・学校・福祉施設など、公共インフラの維持管理も困難となろう。

高齢化に伴う問題は過疎地域において特に深刻である。一人暮らしの高齢者においては、移動手段がないと買い物ができない、医療機関にもアクセスできない。一人暮らしの高齢者や認知症高齢者の生活の見守り、住まいの確保、災害時への対応、社会的孤立、孤独死など、様々な生活課題が現在も山積している。地方自治体の対応や住民相互の助け合いにも限界があるとすると、いったい誰が担うのか。

こうした状況を見越して、厚生労働省においては、「地域共生社会の実現にむけて」を掲げ、将来的に持続可能な地域づくりとはどうあるべきかの検討が始まっている。「我が事・丸ごと」というが、もちろん地域住民だけでは対応できないことは明らかである。地域住民とともに、多様な機関や団体が連携・協働して、地域社会を支える体制づくりをめざしている。社会福祉法人の地域戦略も、包括的な支援体制のなかでど

のような役割を担うのか、将来起こる地域社会の変容を展望し、あらためて検討されるべき時期に来ているのではないか。

　時代状況が大きく転換するなかで、多くの社会福祉法人が、時代が求める本来的な使命・役割を十分に果たせていないように思われる。収支からみて、対応できるほどの余裕がないというのはわかる。しかし、あらためて公益法人としての使命からどのように対応するべきか考えてみる必要はないだろうか。

　こうしてみると、福祉経営には、福祉の産業化によって広がった企業型の経営モデルから、非営利の公益法人としての経営モデルへ転換させることが求められている。社会福祉法人は、社会や制度改革が求める方向に経営のかじ取りを修正できるのか。そして、仮にこうした経営モデルの転換が困難であるとすると、社会福祉法人はどこへ向かうのであろうか。こうした問題意識をもって、あらためて「社会福祉法人制度改革の展望と課題」について、考えてみたい。

　本書は、文部科学省科学研究費補助金を受けて取り組む「地域福祉を推進する持続可能な社会福祉法人の三方よし型経営モデルの開発」の研究成果の一部を取りまとめたものである。この研究は、NPO研究者、社会的企業・協同組合の研究者、地域福祉の研究者からなる研究組織をつくり、あらためて社会福祉法人の今後のあり方について議論した。社会福祉法人の今後についても、クリティカルな立場から議論し、多くの有益な示唆をいただいた。こうした研究を通じて、筆者自身が社会福祉法人の存在と存続を所与のものと肯定的に思考してしまう傾向があることに気が付かされて、あらためて問い直したことが「社会福祉法人はどこに向かうのか」である。

2021年3月　大阪府立大学　関川芳孝

社会福祉法人はどこに向かうのか

大阪府立大学　関川　芳孝

1．はじめに

　2016年3月に社会福祉法の一部改正法が成立し、社会福祉法人制度が抜本的に見直された。改正の趣旨は、社会福祉法人をあらためて非課税に相応しい公益法人として位置付けるため、必要な改正を行うというものである。法改正の主たる内容は、経営組織の見直し、情報開示、財務規律の見直し、地域公益的取組の義務づけである。こうした改正を通じて、社会福祉法人の経営には、公益性を担保するガバナンス改革に取り組むことが求められた。

　社会福祉法人のガバナンス改革とは、評議員会の必置など、経営組織の見直しにとどまらない。既存事業の公正かつ効率的な経営はもちろんのこと、①慈善・博愛の精神に立ち戻り、制度の狭間にある福祉ニーズに対してもきめ細やかに対応すること、②地域の福祉に関わる様々な問題の解決に関わり持続可能な地域づくりや地域再生を支援することが、ガバナンス改革の最終的な目的とされるべきである。つまり、公益を重視した経営に転換するための統治（規律づけ）が求められる。社会福祉法人の経営には、社会セクターにおける非営利の公益法人としての立ち位置を意識し、必要な公益的な取り組みをつうじて、社会のために役立つよう事業経営を統治し、社会福祉法人の存在意義を高めることをめざすことが大切である。社会福祉法人の経営には、こうした目的をもった組織の統治が求められる。

　当然のことながら持続可能な経営基盤を確立させつつ、他方では地域社会に利益の一部を還元し社会福祉法人に期待される社会的な役割を

担ってこそ、社会福祉法人の存在価値を高めることができる。しかしながら、社会福祉法人制度改革において描かれたこうした経営モデルは、現在多くの社会福祉法人に十分に共有されていないのではないだろうか。

　制度改革の問題は、将来的な社会福祉法人経営のグランドデザインを曖昧にしたまま、平成25年の規制改革会議の報告書および閣議決定された規制改革実施計画において課題とされた内容に対応し、必要最小限の制度改革にとどまったことにある。制度改革の内容は、社会福祉法人制度創設からみて初めての抜本改革であり、いずれも社会福祉法人制度を将来的に存続させるために重要なものであったと評価できるものの、制度改革の成果として、社会福祉法人の存在価値は実際に高めることができているのだろうか。制度改革は、社会福祉法人が非営利の公益法人として期待される役割を発揮できるように、措置制度時代から継承されてきた舞台装置を組みなおしたにすぎない。新しい舞台装置は、社会福祉法人が非営利の公益法人として社会が求める事業を展開することを下支えする機能を持つものといえる。こうした舞台装置の上で、実際に地域において公益性を高めることができるのは、社会福祉法人の経営実践でしかない。これが制度改革の限界でもある。

　確かに抜本的な制度改革ではあったが、これで社会福祉法人制度の存続が約束されたわけではない。現在の社会福祉法人制度のスキームは、本当に将来的に持続可能なのか。いいかえれば社会福祉法人は、公益性の高い経営実践をつうじて、社会福祉法人制度を存続させることが社会的に正当でありかつ効率的でもあることを実証できるのか。

　そもそも、社会福祉法人経営者の従来の価値観や福祉経営についての考え方が、時代が求める方向に変わることはできるのか。少しずつその経営も変化してきているものの、コロナ後の時代や社会の変化のスピードは加速すると思われる。時代や社会は、社会福祉法人の経営が公益重視の方向にシフトするのを、待ってくれるのだろうか。制度改革が向か

おうとする方向が社会福祉法人の本意でなかったとすると、そもそも社会福祉法人は、どこへ向かおうとしているのか。

２．社会福祉法人制度改革後の展開

　社会福祉法人制度改革後は、地域共生社会の実現に向けて、社会福祉法の改正が行われている。令和２年度には、地域共生社会のための社会福祉法等の一部改正があり、地域住民の複雑化・複合化した支援ニーズに対応する市町村の包括的な支援体制の構築のため、新たな事業が創設されている。新たな事業とは、包括的な相談支援、参加支援、地域づくりに向けた支援を一体的に実施するものである。こうした包括的な支援体制づくりという事業スキームにおいても、社会福祉法人および自ら経営する社会福祉施設・事業が参画し、既存の経営基盤・経営資源を活かして、機動的にニーズ対応することにより地域が抱える様々な問題の解決に寄与することが求められている。地域住民、関係する様々な機関・団体とともに連携・協働し、地域福祉推進の一翼を担うことができれば社会福祉法人は、制度事業における福祉サービス提供主体としての役割を超えて、非営利の公益法人としての存在価値を高めることにつながるであろう。

　こうした事業・活動は、社会福祉法24条第２項「地域公益的取組」に該当する。「地域公益的取組」については、「社会福祉法人は、社会福祉事業及び第二十六条第一項に規定する公益事業を行うに当たっては、日常生活又は社会生活上の支援を必要とする者に対して、無料又は低額な料金で、福祉サービスを積極的に提供するよう努めなければならない」と定められている。これは、福祉サービスの供給主体が多元化するなかで、セーフティネットとしての社会福祉法人の本来的な立ち位置・役割を改めて明確にしたものといえる。

　つまり、社会福祉法人制度の本旨として、社会的に援護が必要な人が、複合的かつ困難な暮らしの問題を抱えている場合については、たとえ対価が期待できない場合であっても、慈善・博愛の事業理念にもとづき、必要な福祉サービスの提供を無料又は低額な料金で行うことを求めている。制度事業や市場原理では対応できないニーズついては、社会福祉事業の主たる担い手である社会福祉法人が、すみやかに福祉サービスを提供するなどし、柔軟かつ機動的に対応するセーフティネットとして役割が義務づけられた。

　セーフティネットとしての役割とは、様々なものが考えられるが、しいてあげるならば、大阪府社協の生活困窮者レスキュー事業が分かりやすい。大阪府社会福祉協議会と社会福祉法人が連携し、包括的な相談窓口を設け、制度が対応できないニーズを抱える生活困窮者に対して、経済的給付（現物給付）を行う他、無料又は低額な料金で、①高齢者の住まい探しの支援、②障害者の継続的な就労の場の創出、③子育て交流広場の設置、④子ども食堂、ふれあい食堂の開設など、提供する支援の範囲を広げている。社会福祉法人が連携して行う生活困窮者支援は、経営協の組織が中心となって全国的に取り組まれるようになっており、公的なセーフティネットを補完している。このような社会福祉法人の公益性の高い経営実践があってはじめて、社会福祉法人について、非課税に相応しい公益的な存在であると評価される。さらには、こうした事業・活動を支援する社会福祉法人制度の仕組みも、社会的に有用なものと受け止められるに違いない。

　他方、社会的に援護を必要とする人に対する生活支援以外にも、社会福祉法人は、地域において様々な公益的な事業・活動を行ってきた。厚生労働省は、地域共生社会の実現に向けて社会福祉法人に期待される役割との整合を図るため、平成30年1月に「社会福祉法人による『地域公益的な取組』の推進について」を通知し、社会福祉法第24条2項の

解釈を変更している。社会的に援護を必要とする福祉対象者に対する福祉サービスの提供以外にも、社会福祉法人が取り組む地域貢献活動を「地域公益的取組」に含めるものとしたのである。

たとえば、第一に、地域住民がそれぞれの立場から、地域社会に参加し、協働していくことが重要であることから、行事の開催や環境美化活動、防犯活動など、取組内容が直接的に社会福祉に関連しない場合であっても、地域住民の参加や協働の場を創出することを通じて、地域住民相互のつながりの強化を図るなど、間接的に社会福祉の向上に資する取組であって、当該取組の効果が法人内部に留まらず地域にも及ぶものである限り、「地域公益的取組」に該当すると説明する。第二に、地域共生社会の実現に向けた地域づくりを進めていく観点からは、地域の様々な資源を活用し、現に支援を必要とする者のみならず、現在、支援を必要としない者であっても、将来的に支援を必要とする状態となった場合に適切に支援につながることができるような環境や状態を構築するという視点も重要であると考えられた。そのため、地域住民が暮らす生活圏の環境の整備や住民のネットワーク化、ボランティアの養成・支援などの間接的な地域支援も地域公益的取組の範囲に含められた。

この解釈変更について、どのように考えるべきであろうか。これらは、いずれも地域共生社会の実現に向けて重要な事業活動である。実際に社会福祉法人が取り組む公益的な活動は様々で広い範囲に及んでいる。そのため解釈の拡大を「活動実態に即したもの」と評価する意見もあろう。他方で機能的にみると、解釈の拡大によって、セーフティネットとしての役割のみならず、コミュニティワークの基盤形成、コミュニティワークの実践までも、社会福祉法人に義務づけられたとみるべきではないか。つまり、地域共生社会の実現に向けて、社会福祉法人の役割に対する社会および時代の期待が広がったと考えることができる。

社会福祉サービスの提供以外に、社会福祉事業の新たなフロンティ

ア、事業領域が広がりつつあるが、社会福祉法人は、はたしてこうした
期待・役割に機動的に応えることができるであろうか。従来の制度事業
に加えて、社会的に援護を必要とする人たちに対する個別支援、地域に
対するコミュニティワーク、さらには地域再生への協力などを、法人の
事業範囲に組み込んで、事業戦略を考えることが必要になる。要するに、
制度事業の安定的な成長とともに、コミュニティワークの手法をビルト
インし、地域の課題解決を支援する公益性の高い経営モデル実践が、今
後の社会福祉法人の経営がめざすべき方向と考える。

　社会福祉法人の経営については、行政によるガバナンスのもとで、既
存の制度事業をいかに経営するかの議論が中心であった。制度外の地域
の福祉ニーズに対し新たに事業を起こし地域住民・当事者の参画を得て
共同して事業展開する事業戦略や事業運営の方法については、経営の対
象から外れるものとして、必ずしも十分検討されてこなかった。全国社
会福祉法人経営者協議会は、地域貢献の実践事例を取りまとめてきた
が、地域福祉を推進する主体としての事業モデルを描き切れていない。
また、同経営者協議会監修の『社会福祉法人の地域福祉戦略』において
も、地域福祉の戦略の重要性を指摘し幾つかの経営実践を例示している
ものの、公益性を高めるガバナンス改革のプロセス、さらには地域住民・
当事者の参画を促し共同し問題解決に関わる手法も提示されていない
（河 2016）。

　しかし、地域共生社会の実現に向けて、地域住民や他の関係機関・団
体がつながりつつ、制度事業がカバーできない地域の様々な問題を解決
するために、新たな社会資源の開発、事業創造が必要になる。この時に、
社会福祉法人の経営する施設・事業は、ヒト・モノ・カネ・情報・社会
的つながりを装備し地域の暮らしを支える社会装置として、新たな社会
資源の開発、事業創造に有効に寄与できるはずである。なかで、コミュ
ニティワークの手法に長けた社会福祉協議会とつながることで、コミュ

ニティワークの実践を学び、地域のニーズを把握し地域住民とともに問題解決型のソーシャルマーケティングの実践を展開することが可能となる。こうした制度事業以外の地域活動の積み重ねによって、新たな事業シーズを発見し、社会福祉法人の特性の一つである社会福祉事業の開拓性を発揮する道が開かれよう。

3．社会福祉法人経営がめざすべき方向

　社会福祉法人の経営環境は、人口減少・少子高齢化が進むなかで、国の税収不足、さらには財政基盤が脆弱な基礎自治体が拡大し、将来的には公費による事業の再生産すら困難な状態も予想される。市場原理一辺倒の経営も困るが、将来の財政的な見通しもないまま、地域への利益還元優先の経営もありえない。経営戦略全体においても、既存事業の健全経営は大切である。経営環境の変化によって人口減少による利用者減、報酬単価の引き下げなどがあれば、将来健全経営を続けていくことが難しい状況も想定されるからである。

　他方、将来は不透明で実際どうなるかは予測するのは難しい。多くの社会福祉法人の経営者は、現実のなかでベストを尽くそうと努力する。既に経営が厳しい社会福祉法人においては、既存事業を守ることが精いっぱいであり、地域公益的取組どころではないというのが本音かもしれない。しかし、現在の経営モデルを維持・踏襲することは、変化の激しい時代においては、変わらないことのリスクを抱えることになる。仮に、報酬単価が引き下げられ、国や地方自治体からの補助や優遇措置がなくなる状況（経営リスク）が現実のものなると、最も変化する環境に適した形質をもつ個体が生存の機会を保障されるとあるように、想定される環境の変化に適応できる法人だけが将来とも存続できるのかもしれない。そして、事業規模が大きい法人であるから安泰というわけでもな

いであろう。

　こうしたリスクと向き合いつつ、社会福祉法人経営を将来的にも持続可能なものとするためには、目標となるような将来の経営の在り方を想定し、バックキャスティング的な発想から、そこを起点に現在を振り返って今何をすべきかを考えることが大切ではないか。未来においても存続できている社会福祉法人の経営者であれば、2040年のあるべき経営をどのように考えるであろうか。これをもとに、2030年までに取り組むべき課題を考え実行する。2030年の姿にたどり着くために、現在どのように舵を切るかを検討するはずである。こうした未来思考の経営マインドや事業特性をもちうる法人が存続可能となるのではないか。

　あらためて考えてみると、現在の事業戦略としては、①将来予想される公費削減に対しても生産性を向上させ持続可能な経営戦略をとる、②効率的で利用者・家族に対し質の高いサービスを提供する経営戦略をとる、③インフォーマルな福祉インフラを再構築し、問題解決のために必要なコミュニティ・ビジネスを創出するなどの地域戦略をとることが、社会福祉法人を持続・発展させるために必要ではないか。

　さらにいえば、社会福祉法人が、地域においてこうした戦略を推進することは、①利用者・家族にとっても、②住民の安全・安心を守る基礎自治体にとっても、③地域社会にとっても、利益となるものといえる。いわば公益に寄与する「三方よし」型ビジネスモデルを可視化できれば、社会福祉法人は、利用者、地域住民、自治体からも、公益性の高い存在として信頼され、将来にわたって必要とされるであろう。これが、最終的には経営者・職員の利益にもつながるものとなる。法人規模が小さいため、とても対応できないというのであれば、幾つかの法人で連携し対応するという発想が必要である。

　社会福祉法人が掲げるミッションを問い直し、新たに掲げるミッションに相応しい「公益性の高い社会福祉事業の経営」をめざすことが、こ

れからの社会福祉法人が向かう道ではないか。もちろん、バックキャスティング的な発想から「社会福祉事業経営」の再構築が必要である。それは、厚生労働省が描く「地域共生社会の実現に向けて」というフレームに収まらないものであってよい。むしろ、行政によるガバナンスという呪縛から解き放ち、自律的に公益に奉仕する経営モデルに舵を切ることが大切と考える。

参考文献

河幹夫他編（2016）『社会福祉法人の地域福祉戦略』生活福祉研究機構.

京極高宣（2019）『新版 福祉法人の経営戦略』中央法規出版.

牧里毎治、川島ゆり子編（2016）『持続可能な地域福祉のデザイン』ミネルヴァ書房.

宮本太郎（2020）「地域共生社会をどう実現するのか：2020年の社会福祉法改正を中心に」『実践成年後見』(89), 79-87.

大阪府社会福祉協議会（2013）『社会福祉法人だからできた誰も制度の谷間に落とさない福祉：経済的援助と総合生活相談で行う社会貢献事業』ミネルヴァ書房.

公益性を高める改革とは

大阪府立大学　関川　芳孝

1．なぜ、公益性を高める必要があるのか

　社会福祉法人制度改革は、前述のように社会福祉法人の公益性を高めることを目的としていた。社会福祉法人は、社会福祉法人制度改革が定めた新たなルールのもとで経営されているが、だからといって社会福祉法人は公益性の高い経営ができているといえるのであろうか。そもそも、社会福祉法人の経営者の多くは、社会福祉事業つまりは公益性の高い事業の経営に当たっていると認識している。そうだとすれば、自らの経営について、これ以上公益性を高める必要はないと考えているかもしれない。しかしながら、国民は社会福祉法人の経営を公益性が高いものとみているのだろうか。国民の認識や評価とのずれはないだろうか。

　確かに、社会福祉の事業は、不特定多数の利益のために行うものであり、人々が生活を営む上で必要とする支援（対人サービス）を行う目的で行われている。社会福祉事業は、市場において営利を目的とする民間企業にゆだねることが難しい領域で、国および地方自治体の関与のもとで、展開される事業と考えられてきた。国及び地方自治体が責任をもって実施されるべきものと考えると、社会福祉の事業は、公共的な性格を伴う事業といえる。

　措置の時代においては、比較的このような説明が可能であった。すなわち、社会福祉サービスの対象には、サービスの対価を支払うことが困難な低所得者が少なくない。民間企業は事業を始めても経営が成り立たないと判断すれば、無料又は低額で行なうことになる福祉サービスの事業に参入しない。こうした「市場の失敗」を理由に、地方自治体に対し

13

公的責任として社会福祉サービスを提供することを義務づけた。つまり、福祉サービスの実施は、公的責任にもとづき地方自治体が提供するべきものという意味で、道路や橋などの公共的施設と同じように、公共性のある事業と考えられたのである。社会福祉法人は、措置制度のもとで地方自治体が行うべき社会福祉事業の実施を委託され、地方自治体に代わって利用者に対し公的な福祉サービスを提供する特別な立場にあった。つまり、社会福祉サービスの提供は、国および地方自治体が行うべきもので、例外的にこれを公の支配のもとにある社会福祉法人に対して委託し行うことができる公共的な事業と考えられてきた。

　しかし、社会福祉基礎構造改革によって、こうした福祉パラダイムが通用しなくなった。措置制度は利用契約制度に転換し、かつ多様な事業主体の参入を認めた。これが新たな福祉パラダイムの転換へとつながった。たとえば、介護サービスや障害福祉サービスは、新たに形成された市場において供給され、売買されるものとなった。こうした領域においては、民間企業など様々な事業主体が参入可能となり、参入した民間企業は営利目的で福祉サービスの提供ができるようになっている。制度構造の改革によって、社会福祉事業について、市場において多様な事業主体によって提供される福祉サービスと位置づけられたことによって、公共的な性格が認められなくなっている。

　他方では、事業として社会福祉サービスを提供することは、不特定多数の利益のために行うものであるから、公益的な事業と考えられる。社会福祉法人のなかには、社会福祉事業という社会の役に立つ公益的な事業を担っていると考える法人もあるかもしれない。そうであれば、社会福祉法人の経営に、なぜ公益性を高めることが求められるのかと疑問をもつに違いない。

　社会福祉基礎構造改革以降、民間企業やNPOなど様々な事業主体の参入によって、サービス供給体制全体のなかで社会福祉法人のポジショ

ンが変わっている。国および地方自治体の関与のもとで構築された準市場ともいわれる供給体制のもとでは、社会福祉法人も、民間企業など他の事業主体が行う場合と同じ立場で、サービスを提供することになっている。社会福祉法人にのみに与えられていた公共的な供給主体としてのポジションが、市場における幾つかの事業者の一つに変化した。

　地方自治体からみても、福祉サービスを提供する事業は、社会福祉法人に限定する必要がないと考えるようになってきている。利用者からみても、社会福祉法人が提供するサービスであるかどうかは問題とならず、民間企業のサービスも選択の対象に含めている。地方自治体、利用者ともに、サービスの質が信頼できるのであれば、民間企業でも構わないと考えるわけである。このことは、社会福祉サービスの提供は信頼できる社会福祉法人でなければならないとされていた時代からみると、社会福祉基礎構造改革が相対的に社会福祉法人の存在価値の低下をもたらしたといえる。

　では、相対的に社会福祉法人の存在価値の低下とは、どのようなことをいうのか。介護サービスの提供について例をあげて、もう少し説明したい。公益性を「不特定かつ多数の者の利益の増進に寄与するもの」と考えると、民間企業が提供する介護サービスにも、公益性が認められることになる。民間企業が提供するものであっても構わないという理解が国民一般に浸透することによって、他の事業者との比較のなかでは相対的に社会福祉法人による事業に対する公益的な価値も薄れてしまった。

　特別養護老人ホームについても、相対的な価値の後退という現象が起きている。介護付きの居住施設として、特別養護老人ホームと類似の機能をもつ有料老人ホームやサービス付き高齢者住宅の事業拡大を踏まえると、もはや民間企業にゆだねることが困難な事業領域であるという説明が難しくなっている。民間企業では対応できない福祉ニーズ（たとえば、サービスを提供しても十分な対価の支払いが期待できないもの）に

対して、必要なサービスを提供する公益的な存在として認知されない
と、特別養護老人ホームを経営する社会福祉法人に特別な価値を認める
ことは難しい。あらためて、特別養護老人ホームを経営する社会福祉法
人は、いかにしたら事業独占に相応しい公益性が高い存在であると認知
されるのかを深く考える必要がある。

２．なぜ社会福祉法人を特別に優遇するのか

　もうひとつ、社会福祉基礎構造改革が社会福祉法人の経営にもたらし
た問題がある。社会福祉法人は、はたして他の事業者が参入する状況の
なかで特別に優遇する価値があるのかである。これも、事業主体の多元
化が進んだことによって、あらためて問われるようになった問題といえ
る。

　民間企業による経営モデルの拡大は、社会福祉法人にとっても脅威と
なった。そのため、社会福祉法人においても、民間企業の経営に学び、
これまでの事業経営の在り方を見直した。それによって、事業規模を拡
大させつつ継続的な収支差額の確保に成功する社会福祉法人も現れるよ
うになっている。しかも、一部の企業経営志向の社会福祉法人は、得ら
れた利益を内部留保として積み上げつつ、新規の事業拡大においても実
際に優位な立場にたつことができた。さらには、介護サービスを経営す
る民間企業のなかには、社会福祉法人の認可を得て、特別養護老人ホー
ムの新設など介護事業を飛躍的に拡大することに成功した事業者もあら
われている。このような状況が広がるなかで、イコールフッティング論
が主張されるようになり、市場のなかでひきつづき社会福祉法人として
税制面で優遇され、新たな施設整備においても補助を受けることが、は
たして公平といえるのか、問われるようになったのである。

　私見ながら、社会福祉基礎構造改革の時に、社会福祉法人を引き続き

優遇し続ける根拠とはいかなるものか、問い直す必要があったと考える。この整理をせずに、社会福祉法人がもっぱら、経営基盤を強化する方向にシフトしたことによって、相対的に存在価値が低下し、社会福祉法人制度を支える本質的な存在意義が動揺する結果を招いてしまったといえる。いいかえれば、社会福祉事業の主たる担い手として社会福祉法人を優遇する制度はこれからも必要なのか問われるようになったのである。

規制改革会議においては、将来に向けた介護や保育等のニーズの拡大に対し、必要とされるサービス供給を確保するため、民間企業等の新たな事業者の参入促進の在り方が検討された。民間企業等が介護や保育の分野に新たに参入しやすい環境を整備するため、より自由で公平な競争のルールの確立が課題とされた。厚生労働省は、社会福祉法人を社会福祉事業の主たる担い手として特別に保護育成してきたが、こうした政策が民間事業者の参入障壁となっているので、見直すべきであるというのである。

これによれば、民間企業の参入が可能な福祉サービスの供給体制においては、自由で公平な競争の確保の立場から、社会福祉法人だけを優遇せず、むしろ民間企業等と公平に扱うべきではないか。規制改革会議においては、厚生労働省に対し、どのような理由から社会福祉法人だけを優遇するのか、説明を求めた。厚生労働省が社会福祉法人を優遇し続けようというのであれば、非課税優遇に相応しい公益性の高い事業経営とはいかなるものと考えるか、説明するように求められたのである。社会福祉法人として、こうした問いかけに、どのように応えることができるのか。介護や保育など社会福祉事業を行っているから公益が高いとはいえなくなっている。

3．非営利の公益法人に相応しい事業経営とは

　非営利の公益法人に相応しい事業経営とは、どのような経営と考えるべきであろうか。非営利法人であるから、事業利益をあげることが許されないわけではない。得られた利益を、理事・役員あるいは事業資金を寄付した者に配分することができないだけである。株式会社など営利法人であれば、事業利益を株主など出資者に配分することが前提となっている。このため、営利法人は、あくまで利益追求を目的に事業を行うことになる。社会福祉法人をはじめ非営利法人においては、得られた事業利益は、出資者・経営者に配分されず所定の公益目的の事業の継続・拡充のために再投下されるべきものと考えられている。さらには、非課税優遇の結果として、利益をあげながらも課税されなかった税金相当分も、公共の利益のために役立てられることが期待される。

　社会福祉法人の経営は、社会福祉基礎構造改革を契機にして、非営利の公益法人としてふさわしい存在となるべく、事業戦略の修正が行われるべきであった。しかしながら、実際は制度事業の経営が優先され、本来的な役割である公益的な事業に取り組むことが、後回し・棚上げにされてしまった。こうしたことが背景にあって、社会福祉法人制度改革につながっている。

　社会福祉法人制度改革を踏まえて、あらためて社会福祉法人の公益的な役割について考えてみる必要がある。まず、社会福祉法人には、制度事業においても、他の事業者が受け入れない者を積極的に受け入れる役割がある。支払い能力が低い低所得者を積極的に受け入れ、利用料の減免を行うことは、公益的な取り組みといえる。このほかにも、特別に専門的なケアや配慮が必要となるため、コストがかかる利用者を積極的に受け入れる。これらは、市場原理からは相いれない取組みであり、社会福祉法人の存在価値を実証するものといえる。

　制度事業においても、公益性の高い活動・取り組みを事業に付加して、先駆的にサービスの質の向上、新たなサービスを開発することも大切である。さらには、既存事業に関連する公益的な活動・事業を付随して行うことも考えられる。たとえば、特別養護老人ホームを経営する法人であれば、権利擁護事業を付随して行い、ボランティアの市民後見人を育成する活動がある。これによって、低所得でかつ一人暮らしの権利擁護の必要のある高齢者に対し、無料又は低額の料金で成年後見人をつけることができる。これなども、社会福祉法人をはじめとする公益法人の役割といえる。

　様々な生活課題を抱える子育て世帯に、保育に関わらない総合的な相談を受け付け、必要なサービスに結びつけることも、公益性の高い取り組みといえる（中谷他 2021）。そして、制度が十分対応していない地域の福祉ニーズに対し、制度事業とは別に、公益的な活動・事業を行うことも社会福祉法人の公益性を高めることにつながる。たとえば、ホームレスなど生活困窮者に対し、住まいや仕事を提供する。ひきこもりの子ども・若者・中高年など社会的に孤立している者を対象にして、暮らしと就労などの伴走型支援を行うなどが考えられる。地域福祉に関連する公益的な活動・事業を行うことも、社会福祉法人の公益性を高める上で大切である。そのために、地域の暮らしに関わる様々な問題の解決のためのネットワークの構築に向けて、問題解決に必要な学びの場、話し合いの等を組織するなどが考えられる。

　事業経営で得られた利益の一部が、こうした活動や公益事業に充当され、かつ公益的な活動や事業が社会的に十分に評価されていれば、民間企業等とのイコールフッティングを重視する立場に対して、市場のなかで本来担うべき役割が違うと反論できたはずである。もちろん、こうした公益的な事業に取組む社会福祉法人は、社会福祉法人制度改革以前にも存在していたが、社会福祉法人全体の中ではごく一部に限られてい

た。そのため、社会福祉法人の公益的な役割・性格が、地方自治体、利用者・家族はもちろん、社会福祉法人関係者においても、十分に認知されていなかったことが問題といえる。

4. 存在価値を高める地域公益的取組とは

　地域公益的取組の義務付けの意義は、制度外のニーズに対しても必要な福祉的な支援を行うことも、社会福祉法人の本来的事業（コア事業）であると、制度上明確にしたことである。制度化された社会福祉事業の経営だけが、社会福祉法人の役割ではない。社会福祉事業の主たる担い手である社会福祉法人の役割をあらためて定義したといえる。

　社会福祉法においてこれを義務づけたからといって、社会福祉法人の存在価値が高まるわけではない。実際の社会福祉法人による公益的な活動や事業を見える化し、これが地域や社会にとっても意義ある取り組みと評価される必要がある。これまでの地域貢献として行われた社会福祉法人の公益的な活動は、地域や社会からこうした評価を受けるに値する事業内容であったであろうか。地域住民が考える課題とズレている地域貢献も少なくなかったのではないか。

　社会福祉法人の役割が際立つのは、幾つかの前提条件がある。まず、民間企業による経営では解決できない福祉課題が存在すること。次に、国や地方自治体による既存の社会福祉事業が十分に対応できない領域が存在すること。さらには、社協を中心とした地域福祉の仕組みでは、十分対応できない問題が残っていることがあげられる。いいかえると、市場原理、福祉行政、地域における互助の仕組み、それぞれの限界に対し、社会福祉法人が補完的に公益的な役割を発揮することができて、社会福祉法人の存在価値が際立つと考える。

　たとえば、社会福祉法人が、コロナ禍において拡大する貧困問題に対

し、公的なセーフティネットを補完し、公益的な役割を担うことができれば、国および地方自治体とも、民間企業などの産業界とも、役割や立ち位置を異にし、サードセクター（社会セクター）を構成する公益法人として、将来に向けて存在価値を際立たせることができるはずである。

　サードセクターとは、どのようなことをいうのか。国および地方公共団体によって構成されるパブリックセクター、民間企業等によって構成されるプライベートセクターとは異なり、公益的な立場から財やサービスを提供したり、アドボカシー活動をしたりすることによって、様々な社会的問題に取り組む非営利の民間組織のグループを、サードセクターと呼ぶ。いいかえれば、政府や市場が解決できない社会問題の解決を、非営利組織によって構成されるサードセクターが引き受けようとするものである。社会福祉法人制度改革では、社会福祉法人もこうした非営利の民間組織に含まれるべきものと考えられている。そもそも、社会福祉法人は、もとをたどれば戦前の民間社会事業をルーツにもち、いわば制度の外で慈善事業を任意に取り組んできた「社会福祉に関わる老舗の非営利法人」である。社会事業の分野に限っていえばサードセクターの保守本流ともいえる存在であった。

　ところが、戦後の社会福祉制度の下では、社会福祉法人は、非営利法人でありながら、公的福祉の仕組みのなかで地方自治体がとるべき措置の委託を受ける特別な役割を引き受けた。これによって、公共性重視のパブリックセクターのなかで、公の支配のもとで自治体に代わり社会福祉サービスを提供する特別な民間法人という位置づけが与えられた。こうした社会福祉法人をあらためて「サードセクター」に位置づけるとすると、社会福祉法人の経営については、市民社会、サードセクターとの関係も問い直されるべきものと考える。すなわち、社会福祉法人は、誰の利益のために事業を経営するのかについて問い直す必要がある。

　社会福祉法人を、市民社会の利益のために存在する非営利の民間組織

の一つと捉えなおすと、社会福祉法人のガバナンスの仕組みも、市民社会からのチェックを受けるべきものと考える必要がある。民間企業のガバナンスの仕組みにおいては、「Principal-Agent 関係」として捉えられる。つまり、企業に出資する行為の主体、つまり「Principal」である株主から委託を受けて、会社の役員が株主のエージェントとして事業を経営する関係と考えられている。社会福祉法人の経営組織について、この「Principal-Agent 関係」になぞって考えれば、市民社会における公益代表である評議員が株主に相当しよう。評議員会は、公益代表からなる組織として、社会福祉法人の理事会運営をチェックし、理事長をはじめとする理事役員の選任・解任、決算の承認、法人の定款作成・変更など、重要事項を議決する役割を担う。いいかえれば、評議員会は、公益代表として法人の重要事項に対し議決権限をもち、評議員から選任された理事長を含む理事会の役員が、公益代表である評議員から委託を受けたエージェントとして、社会福祉法人の経営を行う関係にある。社会福祉法人の理事会は、エージェントとして、市民社会から託されて、必要な社会福祉事業を行うことが求められる。地域が人口減少・少子高齢化によって様々な問題を抱えている状況にあって、社会福祉法人の経営が、制度事業の利益確保を優先した行動をとり、地域の様々な問題に関心が向かないのであれば、ガバナンスに問題がある。つまり、公益を代表する評議員会には、理事会に対し社会福祉法人としての本来的な役割を果たし公益性を高める経営努力をするように、経営をチェックし規律づける責任がある。しかし、評議員会の位置づけや機能が形骸化していると、公益性を高める方向に経営組織が統治されないという問題が起こりがちである。法人の経営を地域の問題解決に向かわせるためにも評議員会と理事会との関係はどうあるべきか、あらためて問い直す必要があろう。

こうしてみると、社会福祉法人は、市民社会・サードセクターにあっ

て、公益に奉仕するミッションを担い、市民的公共圏において社会福祉事業を経営する存在といえる。社会福祉法人制度改革では、社会福祉法人が自律的にサードセクターとしての立ち位置にもどる改革であるから、「公益性を高めるための改革」と表現しているのである。

参考文献

向井清史（2015）『ポスト福祉国家のサードセクター論：市民的公共圏の担い手としての可能性』ミネルヴァ書房.

村田文世（2015）「福祉サービス供給主体の多元化と社会福祉法人：社会福祉法人はいかに存在意義を示していくのか（特集 社会福祉法人の現在）」『都市政策』106(1)，46-56.

村田文世（2018）「地方分権下の地域社会における社会福祉法人制度改革の意義：―公益的活動の法制化に着目して―」『社会政策』10(1)，136-147.

中島修（2020）「社会福祉法人の地域化と地域における公益的な取組」『文京学院大学人間学部研究紀要』21，27-38.

中谷奈津子・鶴宏史・関川芳孝編（2021）『保育所等の子ども家庭支援の実態と展望：困難家庭を支えるための組織的アプローチの提案』中央法規出版.

関川芳孝編（2019）『社会福祉法人制度改革の展望と課題』大阪公立大学共同出版会.

措置事業の経営はどこに向かうのか

大阪府立大学　関川　芳孝

1．措置事業の位置づけ

　利用契約制度が導入され、多様な事業主体の参入により、社会福祉法人の存在価値が相対的に低下したと述べた。社会福祉法人による事業経営は、利用契約にもとづいたサービスの提供に限られない。救護施設などのように、地方自治体から措置の委託を受けて行う事業を経営する法人もある。措置事業は、制度構造上は地方自治体の業務であるから、公共的な性格が認められる事業といえる。しかも、民間事業者の参入は認められていない。国・地方自治体以外では、社会福祉法人だけが地方自治体からの委託を受けて行うことのできる事業領域である。

　措置事業としては、救護施設の他に生活保護法上の保護施設、児童福祉法上の乳児院・児童養護施設・母子生活支援施設、老人福祉法上の養護老人ホームがあるが、利用契約制度になじまない人を保護する社会福祉施設として、社会福祉基礎構造改革以降も措置委託が継続されてきた。いわば、様々な理由から生活に困窮する人たちの最後のセーフティネットとしての機能が期待されている福祉施設といえる。わが国の社会福祉事業の原点、社会福祉事業の「一丁目・一番地」というべき福祉施設であるが、こうした措置事業を経営する社会福祉法人は、これから将来に向かってどこをめざすべきなのであろうか。

　措置事業の経営する社会福祉法人に対しても、社会福祉法人制度改革は、情報公開、定められた金額を超える内部留保を社会福祉事業・地域公益的事業に再投下するとともに、さらに地域公益的取組の実施も求めている。もっとも、前者については措置事業は、仮に余剰金が発生して

　も、契約施設のように利益として内部留保し積み上げていくことが認められておらず、社会福祉事業や地域公益事業に再投下できるほどの資金は残らない仕組みとなっている。イコールフッティングの対象となる施設・事業ではないが、措置事業を経営する社会福祉法人においても、地域公益的取組の実施が義務づけられている。それに伴う必要な経費については、措置費・運営費の弾力化は認められており、運営費の一部を地域公益的取組に充当できる。社会福祉法人制度改革の枠組みからみると、措置事業を経営する法人においても、公益性を高める経営が求められる立場におかれている。措置事業を経営する法人は、当該措置施設および関連事業だけを経営する比較的事業規模が小さな法人が少なくないが、措置事業の他にどのような事業展開が必要とされているのだろうか。

　コロナ禍のなかで失業し、住居喪失の危機に直面し、生活に困窮する者が増えている。生活基盤の脆弱なひとり親家庭において主たる家計支持者が失業すれば、子どもの養育も困難になる。虐待までに至らないとしても、貧困のためにネグレクトに近い家庭環境のもとで養育されている場合もありえよう。さらには、一人暮らしの高齢者のなかにも、生活に十分な年金を受け取ることができず、経済的理由から公的な医療・介護にもアクセスせず、いわば「セルフ・ネグレクト」というべき状況のなかで暮らしている場合もある。自治体からの措置によって保護施設に入所には至らないものの、地域において生活困窮する者が増えている。しかも、新型コロナ感染拡大が終息し景気が回復した後も、「複雑な生活課題を抱える生活困窮者」は、生活再建できずに最後まで取り残されるにちがいない。

　複雑な生活課題を抱え社会的な支援が必要な生活困窮者が、制度福祉から救済されていない状態について、「制度の狭間」と呼ぶのは間違っていないだろうか。むしろ、制度福祉がセーフティネットとして機能していないとみるべきであろう。制度福祉の根底にある公的責任の在り方

に対し批判的な検討が必要であるが、他方では制度福祉の機能不全を補填する役割が民間社会福祉事業に求められる。措置事業を経営する社会福祉法人には、地方自治体から措置されていないが生活課題を抱え福祉的な支援が必要な生活困窮者に対し、事業に対する対価の支払いが期待できない場合でも、公的な制度の限界を補完し自らのセーフティネット機能を役立てることが求められているのではないか。さらには、主体的に「ソーシャル・アクション」に取り組み、彼らの生存権を擁護し社会の仕組みを変革する役割が期待される。

2．措置事業の経営をめぐる問題

　経済格差が広がり、複雑な生活課題を抱える生活困窮者が増加しているにも関わらず、厚生労働省による社会福祉施設等調査からも明らかなように、措置施設全体でみると定員割れが広がっている。コロナ禍による生活不安が今後いっそう拡大すると、生活課題を抱える生活困窮者を中心として措置事業に対する需要が喚起され、施設利用者が増えるものと考えてよいのであろうか。仮に、本来的に措置事業の対象とされるべき生活困窮ニーズが措置事業の利用に結びつかないとしたら、ミスマッチはどこで起きているのであろうか。

　ひとつには、措置をする地方自治体の福祉行政の在り方に起因するものと考えられる。養護老人ホームなどでは、定員に空きがあり受け入れ可能でありながら、地方自治体が対象者をあえて措置しない。いわゆる「措置控え」という問題が指摘されている。養護老人ホームへの措置単価を考えると、生活保護を支給しアパートやサービス付き高齢者住宅に入居してもらう方が安くつくと考えているのであろうか。最近の大阪府の調査によると、サービス付き高齢者住宅に入居する約半数が高齢の生活保護受給者であるという。養護老人ホームの運営費は、措置権者であ

る市町村の一般財源から全額支出されるべきものとされ、国庫補助は廃止・交付税化されている。他方、生活保護であれば、国庫負担は四分の三である。こうしたことから、市町村における措置の担当者が、対象者のニーズを十分考慮せず、もっぱら財政的な理由から養護老人ホームへの入所の措置をしないとすれば、問題といえる。

　しかし、地方自治体からみると、あえて養護老人ホームに措置しなくとも、多くのケースは生活保護における居宅保護で対応できると考えているのではないか。そうだとすると、「措置控え」とは、福祉行政のなかで養護老人ホームの存在価値が相対的に低下していることを意味しているのではないか。養護老人ホームの運営費を再び国庫補助に戻すことも一つの考えであろうが、地方分権の在り方に逆行することになり、制度の見直しは困難であろう。

　同様に、生活保護施設や児童養護施設についても、無料低額宿泊所、障害者支援施設、里親委託の制度などが拡大する一方で、地方自治の枠組みのなかでは、措置事業に対する相対的な存在価値が低下しているようにみえる。制度環境の変化によって、競合する新たな事業の担い手が現れた結果、自治体の担当者からみて、生活保護施設や養護老人ホーム、児童養護施設など措置事業の存在価値が薄れてしまっていることが起きていないだろうか。

　権利擁護の観点からすれば、入所の措置を決定する上で、自治体の職員だけに判断をまかせずに、対象者の生活のアセスメントができる福祉関係者が、様々な生活課題を抱え生活に対しソーシャルワークの支援が必要でかつ生活に困窮する者に対し、彼ら（彼女ら）の声・ニーズを代弁し、確実に措置事業の利用に結びつける体制をつくることがのぞましい。必要であればそのためにも、措置事業を経営する法人が、利用者のよりよい生活の実現に向けたアセスメントの在り方について、自治体担当者と共通理解をつくり出すことが必要といえる。

措置控えの問題に対し、全国レベルで厚生労働省等に対し制度見直しを求めることの意義は否定しないが、地方自治における措置事業の存在価値が低下している結果こうした問題が起きていると考えるならば、あわせて措置事業を経営する法人の信頼回復、セーフティネットとしての存在価値を高めるソーシャル・アクションが必要と考える。措置事業の経営以外に何もしないでいると、存在価値は低下する一方となろう。地域において措置事業の存続は必要なのか、他にセーフティネットとして代替可能な事業は存在しないのか、問われている。

3．存在価値を高める地域における公益的な取り組みの在り方

　措置事業を経営する法人に対する存在価値の低下とは、財政的な負担の問題とともに、職員の専門的なスキルに対する評価も関係しているのではないだろうか。経営協が取りまとめた事例集において、幾つかの措置事業を経営する法人の地域公益的取組として、①地域における生活困窮者に対し相談支援事業を行う法人、②生活保護家庭における不登校・引きこもりの児童に対しアウトリーチ型の訪問支援活動をおこなう法人、③地域のひとり親家庭の子どもを対象とした学習支援を行う法人、④地域における70歳以上の一人暮らし世帯への食事を提供する事業に取り組む法人などが紹介されているが、措置事業を経営する法人の存在価値を高めるためにも、措置事業の対象となっていない生活困窮事例に積極的にアプローチすることが大切と考える。

　こうした活動をつうじて、措置事業を経営する法人のもつソーシャルワーク機能が、地域のなかで展開されると包括的支援体制のなかでも評価され、ひいては法人の存在価値を高めることに役立つに違いない。具体的には、地域共生社会の実現に向けて構築されつつある連携のネットワークに積極的に参画し、地域における生活困窮者支援と社会包摂型の

共生のまちづくりを結びつけるなど、措置施設の存在、役割・機能を見せる化することが望まれる。生活に困窮し複雑な生活課題を抱えながら地域で孤立して暮らしている家庭の包括的な支援こそ、措置事業を経営する法人が主導的な役割を果たすことができるものと考える。

　要するに、これからの措置事業を経営する法人がめざすべき方向は、措置事業の継続とともに、生活困窮者に対する新たな在宅福祉サービスの開発にある。たとえば、地域の社会的孤立している生活困窮者に対し、多様な社会活動への参加を支援する、生活困窮者に対し権利擁護の支援を行う、住民と共にコミュニティ食堂などを開設し地域住民の居場所づくりを広げる、などが考えられる。在宅福祉と施設福祉を連携させて一体的に事業を展開することにより、将来的にも措置事業が持続可能なものとなる。自治体からも、措置事業のもとで培われたソーシャルワークの専門性が、地域共生社会の実現に向けて構築される連携のネットワークづくりにとっても大切なものであると実感されることになろう。こうしたことに成功できれば、措置事業の存続は、自治体にとっても、連携する多機関・団体にとっても、地域住民にとっても、有益なもの考えられよう。

4．日常生活支援住居施設の経営をめぐって

　措置事業を経営する法人は、新たに創設された「日常生活支援住居施設」についてどのように考えるべきか。当面これを経営する予定がない法人においても、日常生活支援住居施設の拡大は将来の措置事業の経営に重大な影響をもたらす可能性があるので、その動向に注意が必要である。さらには、現在日常生活支援住居施設が創設される意義についても、考えてみる必要がある。そうすることによって、現在の措置事業の経営が今後とも持続可能とは限らないことに気づくであろう。

日常生活支援住居施設とは、生活保護受給者のなかでも居宅では日常生活を営むことが困難でかつ施設入所の対象とならない人が対象とされ、必要な支援を受けながら生活を送る場の一つとして位置づけられている。具体的には、様々な生活課題を抱えかつ、金銭管理、服薬および健康管理、炊事洗濯、人とのコミュニケーション等の日常生活において支援が必要であり、他に利用しうる社会資源がない場合が想定されている。日常生活支援住居施設において提供されるサービスは、施設においてアセスメントを行い個別支援計画が作成され、これにもとづいて、家事援助や服薬管理、金銭管理、相談援助などの支援が提供される。基本的な考え方としては、無料低額宿泊所に対し、日常生活支援が提供できる体制を付加したものということができる。

　措置事業を経営する法人においては、ソーシャルワークのスキルをもった職員を雇用しており、支援計画の作成、相談援助、関係機関との連携・調整に当たらせることができる強みがある。委託する福祉事務所からみても、劣悪な簡易宿泊所が存在する状況のなかで、措置事業を経営する法人は、ソーシャルワークの専門性をそなえた信頼できる運営主体の一つといえるであろう。

　日常生活支援住居施設とは、経済的に困窮し住居喪失の恐れがあり、様々な福祉課題を抱え、アパートなどの居宅では日常生活を営むことが困難で、生活保護の対象となる者に対し居住支援を行う施設である。いいかえれば、「日常生活および社会生活に支援が必要な」社会的弱者を包括的に受け入れるセーフティネット型のレジデンシャルケア付き住居といえる。

　措置事業を経営する法人にとって、日常生活支援住居施設の経営は地域の生活困窮者に対する在宅福祉の拡充に向けた足がかりになると考える。日常生活支援住居施設を経営することによって、措置事業の対象となっていない福祉ニーズに先回りして対応することができるからであ

る。さらには、無料低額宿泊所がベースになっているので、福祉事務所から委託を受けない居住部分は、生活保護につなぐ前段階において、緊急に生活支援が必要な者を一時的に保護する無料低額のシェルター施設としても活用できるのではないか。この施設において生活困窮者を緊急保護した上で、当面の居住と食事を提供しつつ寄り添い型の相談支援を行い、対象者の意向やニーズをアセスメントの上、生活保護や就労支援など必要なサービスむすびつけることが期待される。関連する相談窓口と連携し必要な福祉サービスへとつなぎ、入居者が地域において安心して暮らすことの環境を整えることも措置事業を経営する法人に期待されるソーシャルワークの役割である。

　さらには、生活困窮者に対する居住支援に取り組むNPOなどのように、この住居施設は、地域の公園などを回り、地域の生活困窮者に対しアウトリーチ型の相談支援を展開する拠点ともなりえよう。たとえば、夜回り・炊き出しなどによって、路上生活者等に声をかけ、食料を手渡し居住施設への宿泊を勧誘する、生活保護の申請を提案するなどである。こうしたセーフティネットとしての活動は、措置事業を経営する法人に相応しい地域の生活困窮者に対する在宅福祉活動である。ボランティアの他、NPO等とともにネットワークをつくり、連携・協働して活動を展開すると、より効果的な活動を展開できよう。

　前述のように、日常生活支援住居施設を経営することによって、入居者の生活についてアセスメントし個別支援計画を作成し、支援を行うことになる。しばらくして、本人が施設を退所して地域においてアパート暮らしを望むのであれば、個別支援計画を見直し、アパート探しを手伝い、介護サービスや障害福祉サービスなど必要な福祉サービスにつなぐなどし、地域において自立生活を営む環境の整備を行うことも、法人職員の役割である。日常生活支援住居施設の経営に関わる他の非営利の事業主体に対し、実際のアセスメントおよび個別支援計画作成の方法を共

有し、この業界の底上げ・健全化することも、措置事業を経営する社会福祉法人の社会的な役割と考える。

　他方、入居者によっては、日常生活支援住居施設において生活してみると、措置施設に入所相当と思われるケースも出てこよう。こうした場合には、あらためてアセスメントを行い、これをもとに委託した福祉事務所と保護や支援の変更について協議する機会をもてるのではないか。こうしたことは、措置施設に入所することが相当と考えられるケースについては、アセスメントの結果などの情報を福祉事務所の職員と共有するわけであるから、間接的に措置の決定に関わることを意味している。こうした事例の積み重ねが、将来的に福祉事務所の職員とケア会議を開催し、共同して入居者の支援計画を検討する体制づくりにもつながるのではないか。

5．様々なステークフォルダーに対し、措置事業の役割・機能を見える化する

　地域共生社会の実現にむけて、それぞれの市町村において包括的な支援体制の構築が検討されている。地域の様々な生活課題の解決をめざし、住民組織をはじめ様々な機関や団体がネットワークを構築し相互に連携・協働する体制づくりが始まっている。地域の生活課題のなかには、貧困による生活困難と関連して発生する虐待なども含まれようが、当該問題の解決において、措置事業・施設に期待される役割・機能が関係者に十分に理解されているであろうか。地域によっては、措置事業が問題解決に重要な社会資源のひとつであると認識されていないのではないかと懸念される。

　措置事業の存在は、措置事業の構造から、地域住民からみて気づきにくいものとなっている。地域社会との接点を作らず事業の経営に当たっ

てきた場合はなおさらである。地域共生社会の実現にむけて、措置事業を経営する法人の存在価値を高めるためにも、措置事業の役割や機能を整理し可視化することが大切と考える。可視化する方法には、ホームページやSNS、イベントなど幾つか考えられるが、公園での炊き出しや出前相談など、地域社会と連携して行なう地域公益的活動も有効な方法と考える。

　措置事業を経営する法人による地域公益的取組の実施は、地域住民とのコンタクトや措置事業に対する理解を広げる格好な広報機会となるものといえる。したがって、地域公益的取組の実施においては、地域に対し措置事業の存在を伝えることに効果的な取組の内容を検討する必要がある。地域公益的取組をつうじて、入所型の措置事業・施設が、地域における生活困窮の問題にどのような関与ができるのか、自ら説明することができる。地域のセーフティネットとしての措置事業の必要性を様々なステークフォルダーとなる機関や団体にアピールするのである。

　地域の様々な機関・団体とつながることで、措置事業が取り組むべき在宅福祉の在り方にも新たな示唆が得られよう。たとえば、ゴミ屋敷のリセットなど、措置事業を経営する法人単独では実施が難しいと思われる活動も、他機関や団体と話し合いが可能となれば、実施にあたっても連携・協力を得ることができる。地域の貧困問題の解決においても、より有効な方法を開発することも期待できる。

　地域福祉に関わる様々なステークフォルダーからみると、パブリックセクターにある措置事業は存在がみえず、その役割もわかりにくい。たとえば、社会福祉協議会、民生・児童委員、住民組織などは、措置事業が対応するべき地域住民の生活困窮事例に接する機会があると思われるが、措置事業の役割や機能について適切な認識をもたれていないと、相談事例を措置事業と関連付けて考えることは難しいであろう。さらには、措置事業に対する認識が十分でない地域においては、住民の生活圏

域における問題解決型のネットワークの構築を検討する上でも措置事業の存在が考慮されないまま、話し合いが進んでしまう恐れがある。こうなると、構築されつつある地域のネットワークにおいて、措置事業は自らのポジションを確保することが難しくなる。まずは、住民組織および関係機関・団体に対し、地域における貧困の問題の解決に対し、セーフティネットに関わる専門的な事業を経営する法人として、ぜひとも関わりたいとの強い意欲をみせることが大切であろう。措置事業を経営する社会福祉法人においても、地域とのパブリック・リレーションの構築を意識した地域戦略が必要と考える。

　非営利組織の経営においては、事業・活動を継続する上でも、市民や企業からいかに寄付を集めることができるかが、重要な課題となっている。クラウドファンディングなどの方法によって、必要な活動資金を集めることに成功しているNPOもある。制度事業に与えられた支援をもってしても対応できないニーズに対しては、ファンドレイジングを通じて、住民や企業などから寄付を集めるなどの方法によって活動資金を調達することを考えたらどうであろうか。

　寄付を集めることは難しいという意見もあろうが、措置事業を応援したいと思う人を集める経営努力が十分でないのではないか。地域に対し事業内容を「見せる化」するアプローチ、市民社会のなかで措置事業に対する「共感を広げる」アプローチが十分ではないと、寄付は集まらない。積極的に活動を「見せる化」した上でPRし、日ごろから企業に対しても寄付をお願いして回るなどの経営努力も必要である。寄付者一人ひとりに対し感謝のメッセージを送り、定期的に活動の成果をわかりやすく伝えることも寄付者の拡大につながる。こうした経営努力によって、措置事業に対し地域や市民社会と共感がうまれ、寄付やボランティア活動を通じたパブリックリレーションが構築できると考える。

　また、措置実施の所轄部署においても、職員が措置事業を地域の生活

困窮者に対するセーフティネットとして理解しているとは限らない。社会福祉についての専門的な知見が十分でない経験の浅い職員も、所轄部署に配属される可能性がある。このことも、措置控えの背景原因の一つといえるかもしれない。そうだとすれば、措置の所轄部署に対しても、パンフレットやリーフレットの形で、現代社会における措置事業の本来的役割および機能、措置事業に関わる施設職員の専門性を分かりやすい形で「見せる化」し、つたえることが大切である。ここでも、地域における貧困の問題の解決に対し、「日常生活支援住居施設の経営」、「生活困窮者に対する地域公益的取組」などを通じて、ぜひとも関わりたいとの強い意欲をみせることが期待される。「日常生活支援住居施設の経営」との関連でいえば、住宅・居住関連の部署に対しても、措置事業の役割と機能をみせる化することも忘れてはならない。こうした取り組みが、地域における措置事業を経営する法人の公益性を高め、セーフティネットとしての存在意義を確固たるものにすることにつながるであろう。

参考文献

高橋紘士（2020）「無料低額宿泊所の規制強化と日常生活支援住居施設の何が問題か（特集 居住支援のこれから）」『月刊福祉』103(5)，44-47.

伊坪陽子・篠田淳治（2017）「措置控え、重度化するなかでの養護老人ホームの役割を考える（特集 いま、高齢者福祉にかかせない養護老人ホームはどうなっているのか）」『福祉のひろば』210，12-20.

社会福祉法人 全国社会福祉協議会　全国社会福祉法人経営者協議会　措置施設経営委員会（2015）「措置施設経営法人「地域における公益的な取組」事例集」（https://www.keieikyo.gr.jp/mypage/data/jirei_h2703.pdf，2020.12.1）.

※本稿は、2020年の全国社会福祉法人経営者協議会措置施設経営委員会の議論から示唆をえている（筆者も委員として当委員会の議論に参画している）。

複数法人による連携・協業という方向
社会福祉連携推進法人制度創設の意義

大阪府立大学　関川　芳孝

1. 社会福祉法人の連携・協働について

　これからの社会福祉事業のあり方を考える上で、社会福祉法人間の連携や協働が大きな論点となっている。この議論は、最近になって始まったものではない。以下では、これまでの議論の経緯を簡単に整理しておきたい。1998年に出された「社会福祉基礎構造改革について（中間まとめ）」においても、社会福祉法人の経営について①経営規模の拡大、②多角的な事業の積極的な展開、③社会福祉法人間の連携を図ることが、検討課題として整理されていた。社会福祉基礎構造改革を経て、厚生労働省は一法人一施設経営から大きく舵を切った。たとえば、施設整備の認可においても、複数施設を経営するなどの事業実績があり経営基盤が安定した法人に施設整備の補助を行う方向へ転換した。こうしたことから、事業を拡大し複数施設経営に成功し、事業規模の大きな法人も生まれている。

　しかし、複数施設を経営し「サービス活動収益」の規模が、10億円以上の法人の割合は、2019年現在、社会福祉法人全体の11.1％にすぎない。3億円未満の事業規模の法人が、54.7％と半数を超えている。こうした比較的小さな法人が、必要な人材を確保し、生産性の向上によりサービスの質を向上させ、地域の福祉ニーズに柔軟に対応するなど、社会福祉法に求められる経営の高度化に取組むのは難しい。しかし、法人間の連携・グループ経営という方法によって、こうした経営課題にも対応できるように、マネジメントの仕組みを再構築できるのではないか。

2006 年に出された『社会福祉法人経営の現状と課題』においても、社会福祉法人経営の課題として、「法人同士が連携・共同し、研修や調達で協業化を行うことにより経営の効率化、サービスの向上を図る」ことが課題とされていた。

　2008 年には、厚生労働省において「社会福祉法人における合併・事業譲渡・法人間連携の手引き」がまとめられ、規模の拡大・法人間連携の意義について、①生産性の向上、②質の高い多様なサービスの提供、③研究開発の促進、新たなビジネスモデルの創出、④不採算地域における安定的な事業の継続、⑤問題法人の退出・新陳代謝が促され、高い公共性を確保できる、⑥公益性を維持できる、と説明している。社会福祉法人が合併・事業譲渡という方法をとるべきかどうかに関わらず、公益性の高い社会福祉法人経営のあるべき姿を示すものとして興味深い。社会福祉法人の合併や法人連携の仕組みにより、ある程度の事業規模を確保することができれば、社会福祉法人に問われている経営課題に自律的に対応できる組織体制が再構築できることを示唆している。

　社会福祉法人の大規模化・連携については、社会福祉法人制度改革に先駆けて 2013 年の日本再興戦略が、社会福祉法人制度について言及し、法人規模の拡大の推進等の経営の高度化を図る仕組みを検討するように促した。さらには、同年社会保障制度改革国民会議において、閣議決定された日本再興戦略の指摘を受ける形で、連携の推進に資するようにホールディング・カンパニーの仕組みを作り、社会福祉法人の合併や事業譲渡を促すことに言及した。いわば、官邸主導で社会福祉法人の大規模化を図る仕組みを検討するように求めたのである。その後も、2040年にむけた「医療・福祉サービス改革プラン」が 2019 年にまとめられているが、福祉人材の確保が困難となる状況を見越して、IoT などの最新技術の活用、組織マネジメント改革とともに、「経営の大規模化」が盛り込まれている。おそらくは、①ロボットや IoT などの最新技術を

活用し生産性を向上させる、②組織マネジメント改革を進めるためにも、経営の大規模化が必要と考えられているのであろう。確かに、小さな規模の社会福祉法人においては、十分な補助金でもつかなければ、最新の福祉機器、AI や IoT などの最新技術を投入し、業務改善に取り組みながら、福祉サービスの質の向上を図るだけの余裕はない。

　社会福祉法人制度改革では、社会福祉法人の大規模化については、法人が自主的に取り組むべきものと考え、検討の遡上にあげなかった。しかし、法人の合併および事業譲渡のルールについては、公益社団法人及び公益財団法人の認定等に関する法律に準拠し、必要な法律改正を行った。公益法人としての法形式を整えることに主眼がおかれていたので、法人の本部機能の強化、小規模社会福祉法人の再編を取り上げて、将来の合併や事業譲渡の在り方についてどう考えるべきかの検討をしていない。他方、医療分野においては「地域医療連携推進法人」の検討が社会福祉法人制度改革と並行して行われており、社会福祉法人が「地域医療連携推進法人」に取り込まれるのではないかと、社会福祉法人制度改革を担当する事務局は危機感を募らせていた。

　その後、社会福祉法人制度改革を経て、小規模法人による地域公益的取組の奨励として、「小規模法人のネットワーク化による協働推進事業」が始まった。小規模の社会福祉に対しても、地域公益的取組を義務づけている以上、連携・協働によって地域ニーズに対応するスキームが必要と考えたのであろう。また、法人経営の大規模化を進める上で、基礎構造改革以前の措置時代に暗黙の前提とされていた経営モデル、一法人一施設経営を継続する小規模法人に対し、どのような対応をとるのかは極めてデリケートな政策上の争点であったに違いない。しかし、はっきりしているのは、福祉サービスの担い手が多元化している状況では、将来的に小規模の社会福祉法人を保護し守っていく政策を続けることは、難しいということである。だからといって、小規模の法人が連携すれば、確

実に経営が安定し将来的に経営を維持できるかと問われると、これも難しいところである。連携する法人相互がグループ経営としてまとまり、共通するマネジメントの仕組みのもとで、サービスの質の向上、人材の確保・育成、生産性の向上などに、一つにまとまって機動的に行動できるかにかかっている。もし、それが可能であれば小さな法人が単独で地域福祉の推進を行うことは難しいことであっても、相互に連携し協力し合うことで、活用できる経営資源を最大化し、必要な経営改革に取り組むことができるものもあろう。はたして規模の小さな社会福祉法人は、法人間の連携・協働、グループ経営の方向に向かうのだろうか。

2．社会福祉連携推進法人制度の創設について

2020 年の社会福祉法改正においては、新たに「社会福祉連携推進法人」を創設し、グループ経営による連携・協働の環境を整えた。これは、社会福祉法人を中心とする非営利の連携推進法人であり、都道府県知事の認定によって法人格が与えられる。連携推進法人自身が、社会福祉事業を行うことはできないが、①地域福祉の推進に係る取組を連携する法人が共同して行うための支援、②災害が発生した場合における連携する法人が提供する福祉サービスの利用者の安全を連携する法人が共同して確保するための支援、③連携する法人が経営する社会福祉事業の経営方法に関する知識の共有を図るための支援、④資金の貸付けその他の連携する法人が社会福祉事業に係る業務を行うのに必要な資金を調達するための支援、⑤連携する法人が経営する社会福祉事業の従事者の確保のための支援及びその資質の向上を図るための研修、⑥連携する法人が経営する社会福祉事業に必要な設備又は物資の供給、を行うことができるものとしている。

なお、こうした社会福祉法人による連携や協働は、既にいろいろな形

で行われてきたものが少なくない。たとえば、地域共生社会の実現に向けて社会福祉協議会における社会福祉施設の連携・協働の取り組みも始まっている。経営情報の共有、人材の確保や研修、物品の共同購入についても、社会福祉協議会や各種別施設の団体で行われてきた。さらには、社会福祉法人グループリガーレなどは、「社会福祉連携推進法人」制度創設の以前から、幾つかの法人が実際にグループで事業経営する体制を作っている。

　先行する社会福祉法人による連携・協働の取り組みに対し、あらためて緩やかなグループ経営という一つの制度的な選択肢を提供するのが、「社会福祉連携推進法人」制度創設の意義といえる。もちろん、これは、事業規模の小さな法人に対しグループ経営を求め、社会福祉法人経営の大規模化・効率化を押し進めようというものではない。制度においては、社会福祉法人の経営統合を促すような、有効なインセンティブやペナルティは考えられていない。また、現在では、ほとんどの社会福祉法人においては、グループ経営に参画しなければ、経営に行き詰まるという状況にはない。

　要するに、「社会福祉連携推進法人」制度創設のねらいは、グループ経営の体制をつくり、スケールメリットを活かしつつ、効果的に事業経営を進めたいと考える社会福祉法人に対し、グループ経営を制度的に認めこれを下支えする制度環境を整えたものといえる。社会福祉法人としては、こうしたグループ経営が、法人理念の実現、経営課題の改善、ひいては経営の安定・継続からみて、経営の安定に実際にメリットを感じるのであれば、この仕組みを利用すればよいと考えられているのであろう。ガバナンス強化、経営改革に取り組む社会福祉法人は、こうした連携・協働の仕組みを活かすことができるのか。

　「社会福祉連携推進法人」制度創設時には、法人同士が連携・協働することで、共同して地域公益的取り組みを行う、人材の確保・育成、サー

ビスの質の向上を目的に研修を行う、物品等の共同購入を行うなどが可能となると説明された。さらには、スケールメリットを活かし経営の効率化に取り組むことができる。さらには、経営方法の知識、新規事業の立ち上げの方法などを共有することができる。多角的な事業経営をめざし新たな分野に事業を展開することを考えている場合に、既にその事業を行っている連携する法人の経営者から有益なアドバイスを受け、その法人の職員からも協力してもらえると、事業の拡大も容易になるであろう。こうしたことが、参画する法人にとって、求められる経営の高度化や経営基盤の強化につながると考えれば、連携することにメリットがあると考えるであろう。

　具体的には、人口減少地域において連携推進法人に参画する法人が保育所の建替えをする場合について考えてみよう。定員割れした保育所を、小規模保育事業として継続させつつ、同じ建物に高齢者のデイサービス、障害者のデイサービスを併設させ、複数の法人が各事業の役割を分担しつつ一体的に共同運営を行う。保育所を経営する法人が、新たに高齢者対象の介護事業を始める、高齢者の居場所づくりを始めることができるように、グループの法人が、地域ニーズにもとづく事業開始のマッチングや立ち上げ支援を行うなどが考えられる。

　さらには、ICTを活用するなどし、財務会計・人事労務、サービス管理のシステムを参画する法人において共有し、連携推進法人の本部事務局がデータにもとづく経営管理し、必要な経営改善を支援するなどが考えられる。連携推進法人本部事務局には、こうした支援や法人間の調整ができる職員を配置することが必要となる。信頼できる経営コンサルタントから協力をえる必要もあろうが、そのための費用を参画する法人で分担することができる。これができれば、事業経営の合理化、高度化をめざすことが可能となろう。

　ただし、「社会福祉連携推進法人」を設立し複数法人が参画すれば、

必ずスケールメリットがはたらき、サービスの質の向上、人材の確保などの期待される効果が約束されるわけではない。グループ経営の中心となる法人の経営理念や支援の姿勢、リーダーシップと、参画する法人の経営理念や経営改革の姿勢、フォロワーシップが効果的に機能する組織体制が必要である。参画する法人には、「社会福祉連携推進法人」の掲げる組織目標の達成に向けて、自らの経営組織を能動的に動かし経営改革に努めることが求められよう。グループで一定の方向に経営改革に取りかかるという基本的な考え方を共有できる法人が集まって、はじめて「社会福祉連携推進法人」を立ち上げる意味があると考える。

3．非営利セクターとしての立ち位置を明確にする

　「社会福祉連携推進法人」創設のもう一つの意義として、「非営利セクター」「サードセクター」としての立ち位置を明確にし、地域社会における社会福祉法人に期待される社会的な役割に応えることが考えられる。単独法人では対応できない地域社会の多様な福祉ニーズや様々な生活課題に対し、組織的に連携することで、より効果的に対応可能となる。様々な種別事業を経営する法人が連携すれば、地域の課題に対し種別を超えて総合的かつ包括的に対応することができる。つまり、社会福祉法人をとりまく新たな環境に適応するために複数法人が連携し、経営改革に取組み、公的な福祉インフラの維持及び社会福祉法人の公益性を高める事業活動を展開するために、経営基盤を強化しようとするのである。

　これと関係して、社会福祉連携推進法人が地域住民等と連携する地域福祉のセンター機能を担うことも考えられる。福祉以外の異業種の団体やNPOに対しても「社会福祉連携推進法人」が構築する地域ネットワークに参画してもらえると、地域づくりに向けた様々な取り組みを検討できるであろう。つまり、「社会福祉連携推進法人」が中心となって、異

業種の団体や企業などにも参加を呼びかけ、地域において「コレクティブ・インパクト」というスキームを作ることも可能と考える。「社会福祉連携推進法人」が、営利および非営利様々な団体が緩やかにつながるネットワークの事務局を担うのである。

　「コレクティブ・インパクト」とは、非営利法人であるNPOなどの社会セクター、企業などの民間セクター、行政など公共セクターを超えて、共通の課題にゆるやかにつながり協働して立ち向かうネットワークをいう。複数の社会福祉法人からなるネットワークが、個別にアプローチしても解決が難しい社会問題の解決に向けて、さらに広い地域における協働のネットワークを組織することができないか。社会福祉法人が、「社会福祉連携推進法人」とつうじて、地域福祉の枠組みを超えて、地域づくりにむけたネットワークの基盤形成に寄与することも期待される。こうした経営モデルの構築を可能とするためにも、「社会福祉連携推進法人」の取り組むことのできる事業として、法人間での貸付の他、将来的には、必要な資金を集めるファンドレイジング、自治体と連携してソーシャル・インパクト・ボンドの創設なども、検討する必要があると考える。

　このように、連携の方法しだいでは、先駆的に業務の効率化や高度化に取り組むことが可能となり、参画する社会福祉法人の存在価値を高めることにも役立とう。さらには、「コレクティブ・インパクト」というスキームのように、異業種の団体とも連携し地域社会への貢献することができれば、地域公益的取組においても、これまで以上に社会的にインパクトのある実績をあげることができる。公益性の高い経営グループとして地域から信頼されるための戦略としてみても、「社会福祉連携推進法人」創設の意義が認められよう。

4．合併との関係について

　最後に、合併との関係について検討しておきたい。「社会福祉連携推進法人」制度が合併による大規模化を進める目的から構想されたものであるかは明らかでない。しかし、実際には、「社会福祉連携推進法人」の創設が、法人の合併に関連する場面が考えられるのではないかと考えている。たとえば、将来合併を考えている法人が集まり、社会福祉連携推進法人を設立し既に述べたように財務会計・人事労務の仕組を統一し協力して人材確保・育成に取組み、あわせて合併にむけた合意形成や将来の組織体制づくりを検討することはあり得るかもしれない。

　また、不祥事を起こした法人の経営再建においても、公益性の高い信頼できる社会福祉連携推進法人が組織されていれば、一定の役割を果たすことができると考える。たとえば、不祥事を起こした法人に対し、都道府県および所轄庁が関与し、問題を起こした経営者を辞任させた上で、連携推進法人に対し当該法人の経営再建をゆだねる。所轄庁の関与のもとで、社会福祉連携推進法人に参加する法人に対し、既存の事業を譲渡する、そのほかには「吸収合併」の形式をとり、問題法人の資産、負債、権利義務などの全てを当該法人に承継してもらい、問題法人を消滅させることも考えられる。こうしたことは、社会福祉連携推進法人制度の創設のねらいとはいえないが、事後的に制度の運用において法人合併に寄与する機能を与えることは考えられる。

参考文献

藤井賢一郎（2020）「社会福祉法人の大規模化・運営共同化は何のために行われるのか（特集　社会福祉法人の連携・協働）」『月刊福祉』103(2)，36-40.

後藤広樹（2020）「マネジメント「社会福祉連携推進法人」は社会福祉法人の

連携・協働化を促すか」32(10)，27-31.

今村良司（2020）「青森県における複数法人連携・協働（特集 社会福祉法人の連携・協働）」『月刊福祉』103(2)，26-30.

久木元司（2020）「今後の社会福祉法人の連携・協働について（特集 なぜ地域連携は必要なのか）」『さぽーと：知的障害福祉研究』67(3)，17-19.

増井浩平（2020）「医療・介護グループ経営のケーススタディー（前編）グループ経営の成果を上げるには：経営理念を実現するため、協働化・統合化で一体経営を推進」『日経ヘルスケア＝Nikkei healthcare：医療・介護の経営情報』(373)，71-75.

社会福祉法人経営研究会編（2006）『社会福祉法人経営の現状と課題—新たな時代における福祉経営の確立に向けての基礎作業』全国社会福祉協議会.

社会福祉法人経営研究会編（2008）「社会福祉法人における 合併・事業譲渡・法人間連携の手引き」(https://www.mhlw.go.jp/content/12000000/000502769.pdf，2020.12.1).

暮らしと共にある地域福祉のためのコミュニティワークの検討

～地域福祉実践の考察と社会福祉法人の地域貢献への示唆

東海大学　　竹内　友章

1．背景と目的

（1）「地域における公益的な取組」のためのコミュニティワークへの注目

　社会福祉法人制度改革においては、社会福祉サービスの供給主体の中心的な存在であることに加え、地域の多様なアクターを巻き込んだ地域福祉の拠点として、社会福祉法人が存在意義を発揮する重要性が指摘されている（橋本 2019）。筆者は、社会福祉法人の「地域における公益的な取組」の実施に関して、「地域で活動を行うこと」から「地域住民の暮らしと共にある姿」の創造の視点に転換する必要性を指摘した（竹内, 2019）。本稿では、それらを実現するため、地域福祉推進の１つの手法として注目されてきたコミュニティワークを検討する。

　地域福祉は「住民の社会的生活障害に関わる現実の諸要因を軽減・除去するとともに、住民だれもが住み慣れた地域・家庭で安心して安全に暮らして暮らし続けられるよう、必要な条件を整備していくこと」を目的とする（井岡 2008：14）。そのための「生活者の視点から地域に起こる福祉問題を住民の立場から実践し、また制度改善をする取り組み」とされる（牧里 2010：21）。そのため、「住民主体」や「参加と協働」を基本としながら、住民の生活問題の解決に向けて住民自身の主体的な活動を推進する方法としてコミュニティワークが取り上げられてきた。

（２）地域福祉の論点とコミュニティワークの射程の整理

2000年以降の福祉国家の再編の過程で「地域福祉の主流化（武川2006）」や「地域福祉の政策化（神野2018）」が進展し、政策誘導により地域福祉推進の機能のみが問われることは、地域福祉が社会政策の下部構造に位置づけられることにもつながりかねない。このような状況を、小野（2014）は「地域福祉の隘路」と指摘する。地域福祉研究においては、地域住民の相互の承認と互酬によって成り立つ「地域包括ケア」や「地域共生社会」を構築する意義が示される一方で、「住民の資源化」「トップダウンによる地域づくり」「公的責任の減退」といった批判的な指摘もされている（地域福祉学会2020）。一方、地域福祉のキー概念である「参加」の社会政策での位置づけと、地域福祉実践の関係を整理することで、地域福祉が政策に共振しつつ、その「価値」や「可能性」が論じられてきたことを確認できる（竹内2020）。

「公的責任」を問う地域福祉は重要な視点であるが、地域福祉が、社会政策と共振しながら価値や可能性が検討されてきたことを踏まえると、今日論点とすべきは、地域福祉が「住民の自発性を支援する活動」と理解され、「地域活動をコントロール可能であると自明視するような認識」であると考える[1]。これらを乗り越えた地域福祉の実践モデルとしてコミュニティワークを検討する。本稿ではNPO法人なごみの事例分析を通して、実践がどのような困難を辿ってきたのか、なぜ地域が組織化され、活動の継続や拡大が主体的に取り組まれたのかの考察を通してその要素を検討したい。

---

1 例えば、日本における地域福祉を理論的に初めて問うた岡村（1974）は地域福祉を「住民の自発的共同性を育て、地域社会問題の自主的、共同的解決を支援する活動」と定義する。

２．事例の概要と分析

（1）NPO法人なごみの概要

　地区社協、校区社協や地域共生型などこれまでさまざまな地域福祉実践の先駆的な取り組みで注目されてきた兵庫県西宮市で、特定非営利活動法人なごみ（以下、なごみ）は、若者が中心となって新しい地域福祉の実践にチャレンジしている。なごみが活動を展開する鳴尾東地区は、人口約1万2,300人、5,600世帯、高齢化率27.0％の地域である。地域福祉推進地区が35地区に分けられる西宮市の中でも比較的地域活動の盛んなエリアと言われてきたが、ほかの地域と同様に担い手の継承が課題となっていた。小学校区を活動エリアとしながら、これまで鳴尾東地区の地域福祉を担ってきた世代と、これから担っていく世代の協働が生

図表1　NPO法人なごみの活動年表

年度	活動内容
2013年	『鳴尾東ふれあいのまちづくりの会』結成
2014年	多世代交流スペース『つどい場～和（なごみ）～』開設
2015年	『NPO法人なごみ』設立 まちcaféなごみオープン
2016年	「なごみで晩御飯」事業開始 「地域新聞（なごみ新聞）」発行
2017年	鳴尾東つながるプロジェクト実施（地域調査） 関西学院大学のゼミとの共同
2018年	西宮市鳴尾老人福祉センター指定管理開始 「まちのがっこう」設立 「まちの見守り隊」結成／活動開始 「鳴尾ふぁみり～マルシェ」事業実施
2019年	まちcaféなごみで「日替わり店長プロジェクト」の実施 「まちのよろず屋」事業開始
2020年	不登校支援toitoi開設

まれる仕掛けづくりや、「こんなことがあればいい」「あんなこともできる」と住民のつぶやきを丁寧に集め活動を展開する。

　介護予防・日常生活支援事業による住民交流拠点「まち café なごみ」や有償ボランティアサービス「まちのよろず屋」事業などを行い鳴尾東地区の未来を見据えて地域福祉の基礎を築いた世代から、若い世代へのバトンを引き継ぐべく、若い NPO が多世代の行き交う地域づくりを展開している。

（2）活動のはじまり

　なごみは 2014 年に西宮市の介護保険事業のモデルとして、鳴尾東地区住民が主体となり運営する「まち café なごみ」をオープンした。

　事務局長田村幸大氏は、以前から西宮市内の各地域で、キャンプや職業体験などを通して子どもの社会参加をめざす活動を行なっていた。この活動がなごみの事業にも大きな影響を与えている。田村氏が学生団体として「自分たちのいきたくなる学校をつくろう」と立ち上げた活動を卒業後に法人化したものだ。当時は、社会教育体験施設が西宮市内にできるなど、子どもの頃、社会体験への関心が高まった時期と重なる。子どもたちへの職業体験の提供に賛同する企業や団体も増え、事業も徐々に拡大をし、参加者も増えていく。賛同者が増え、充実したプログラムが提供できる一方で、兵庫県内を中心とする各地域でプログラムを展開し、イベントごとに子どもが参加する仕組みでは、「いい経験」にとどまり「日常的な経験や関わり」とつながらないことが課題となった。そこで、１つの地域に根差しながら同様の社会教育のプログラムを展開するために子どもたちが暮らす地域と関わりが生まれる「居場所づくり」を構想したことがなごみの活動の起源である。

　しかし、なごみは構想とともにスムーズに立ち上がったわけではない。活動を展開していた鳴尾東を拠点に団体を立ち上げようと計画をし

ていたが、当時の自治会長には「新事業を応援するエネルギーがない。始めたとしても、続けていけるか不安だ」と断られてしまう。それでも覚悟をもって地域と関わることを自治会長に伝え、2013 年 2 月に地域の有志と前身の「鳴尾東ふれあいまちづくりの会」を発足させる。地域のキーパーソンとの出会いや、住民との交流、地域行事への参加を通して、住民一人ひとりが子どもと地域の関わり、地域の未来を真剣に考えていると知った。限られた「地域」の声だけでなく、住民一人ひとりが思いを伝えられ、想いを生み出せる地域づくりの重要性への気づきとなった。「子ども」の居場所づくりを、地域とともにあるための「居場所」へと発想転換し、多世代交流拠点の立ち上げへとつながった。

（3）長期的・短期的に地域を考えた事業の構想

　2013 年 4 月に住民が所有する空き家を改装し、週 2 回開設したつどい場には、子ども、障害のある人、高齢者、ひきこもりがちな人などたくさんの人が訪れ、改めて地域の居場所の重要性を学んだ。そして、2014 年 11 月には地域住民が理事として参画するなごみが設立され、西宮市から介護予防・日常生活支援総合モデル事業の委託を受ける。通所型サービス B、訪問型サービス B の実施を想定して作られたのが「まち café なごみ」である。社会教育の拠点を構想しながら、日常の延長でプログラムを展開し、1 回で完結するのではなく、普段の生活に続いていくことが重要と考え活動をはじめたのがなごみの原点である。

　しかし、ミニデイサービスを試行する過程でスペースを区切り、利用者や時間を決めることで「多世代交流拠点」としての機能が薄まってしまった。また、同時に構想していた、地域の困りごとを集約し、解決するためのボランティアコーディネートの拠点整備を検討していた。しかし、住民同士で助け合い、工夫して「ゴミ出し」などを行っていることを知り、サービスを提供することが、地域の力を奪うことも懸念された。

そこで運営委員会では、サービスではなく、一般介護予防事業で地域全体の状況を見ながら地域と関わり続ける選択をする。

（4）データと暮らしの視点から地域を理解する

　なごみと地域との関係に大きな影響を与えたのは、ヒアリングでの地域調査である。鳴尾東地区には地域住民が運営する地区ボランティアセンター（以下、地区ボラセン）が整備され、地域課題の相談やマッチングを地域で行う仕組みが構築されていた。しかし、地域生活の変化、ニーズの多様化により、相談件数の減少、地区ボラセン自体の認知度の低下、ボランティア登録者の高齢化などの課題を抱えていた。そこで2016年に関西学院大学のゼミと連携し、自治会や地域活動団体、防犯協会、商店などで聞き取りを実施した。学生は、防犯への不安の高まり、担い手の高齢化、地区ボラセンの低い認知度などを報告し、地域活動の実態と地域住民が感じていることの関連が明らかになる。

　そのことが、地区ボラセンの機能を相談とマッチングに限定せず、サロンを通した地域状況・ニーズの把握、チラシ作成等、広報活動に学生が参加することによる認知度の上昇など、具体的な活動提案と実行につながる。さらに、地域の商店同士が気になることを話し合う「まちの見守り隊」の発足、有志が地域で市場を開催する「鳴尾ふぁみり～マルシェ」などさまざまな活動が生まれる契機にもなった。

（5）地域活動を具体的に描く

　学生による地域調査を受け、鳴尾東地区での地域福祉活動は加速する。2017年に「地域（まち）のがっこう」プロジェクトを開始した。地域活動を担う人材を発掘することが目的で、ともに活動をしたい人に積極的に協力の依頼を行い「こんな場なら行きたい」「こんなことに興味がある」という意見の集約から活動を始めた。2018年に西宮市との協働事業と

して開校し、地域の民話紙芝居でまちの歴史を学んだり、地域の伝統料理をつくったり、福祉用具を扱う企業と一緒に介護用品の体験イベントを開催するなど、「気になることを学び」「地域の今を知り」「未来を考える場」となっている。

　また、2019年7月には、有償ボランティアサービス「まちのよろず屋（以下、よろず屋）」がスタートした。①地区ボラセンとの連携による機能の活性化、②新たな担い手の発掘、③すべての世代に対応できる生活支援、④突発的に生じる課題に対応するための社会資源の開発、⑤制度・サービスの狭間への対応、が活動目的である。ワンコイン（500円）生活支援サービスは、地区ボラセンでの住民によるボランティア活動に加えて「買い物代行」「部屋の片付け」など、住民の地域への関わりの幅を広げた。若い世代が「子どもが留守の間なら」、大学生が「朝のゴミ出しなら」と関わり方・世代が多様化している。地域に出向く活動の展開は、「洗濯物を干すことができない」「お米など重い買い物ができない」など生活の困りごとに気づくきっかけにもなった。

　2018年度から受託した一般介護予防事業を財源とする市の補助事業で、①世代、分野を限定しないつながりの場、②地域の支え合いの場のふたつを目的とした常設の拠点を展開している。なごみの活動で特徴的なのは地域のダイナミズムをとらえ、地域住民の暮らしの中にある〝関わり〟を束ねていく視点である。その特徴を整理してなごみにおけるコミュニティワークの理解を深めていきたい。

3．事例研究から得られる示唆

（1）目的から自由になる実践
　地域福祉研究において、地域を支えるコミュニティ形成の重要性、そのための地域住民の自発的・主体的な地域参加の必要性はこれまで繰り

返し指摘されている。一方で、いかに多くの人の参加動機を高めることができるのかについては、十分に研究されていない。

　なごみの活動を理解するための１つ目のキーワードは「目的からの自由」である。なごみと地域住民の２つの視点からそれを読み解いてみたい。

　なごみにとって目的から解放された出来事として、ミニデイサービスや有償ボランティアの中止が挙げられる。「ボランティアが増える」という短期的な成果が「近隣の関わりを減らす」というマイナスの影響を及ぼすことを考慮しての判断であった[2]。「地域課題を解決する」という志向が強いほど、成果の見える実践を重視しがちになる。しかし、地域がさまざまな"関わり"で成り立つことを考えると、ひとつの活動の目的から解放されることで、地域全体に与える影響を考える契機となったと言える。

　一方で、地域住民にとって目的から解放された出来事として、学生による地域調査が挙げられる。地域調査がなごみの活動に大きな影響を与えたことは本文で指摘したが、地域で生活している人にとって地域が俯瞰的に見えることはほとんどないだろう。そのため、例えば地域活動への参加の重要性の背景として「地域の担い手不足」「高齢化」など課題を示されたとしても、生活のリアリティとは結び付かず、地域活動への参加動機には繋がらない。なごみの活動においては、学生と共に地域に関する統計データに合わせて、住民一人ひとりに生活を通して感じる質的なものから地域状況や課題を合わせて理解したことが重要であったと考えられる。

　すなわち、地域の課題として住民に示される統計データなどの多くは外在的な目的を支える情報であり、どれも地域住民のなかで生成されて

2　2020 年 8 月 11 日田村氏ヒアリングより。

いない価値に従うものである。既存の組織への評価方法や活動の枠組み
から地域の課題やニーズを見るのではなく、地域との関わりの中で見え
てきた課題に応える形で事業を構想する試みから、活動をきっかけに自
己拡張的に実践が展開をしていることを見ることができる。

（2）関わりの集合体としての地域の理解

　2つめのキーワードは「関わりの集合体としての地域」である。なご
みの実践を通して見えてくるのは、地域内外の人々の関係が組み変わ
り、その中から新しい活動が生まれていることである。つまり、地域活
動そのものを生み出していくのではなく、そこにある地域住民の関わ
り、新しく生まれた関わりを束ね広げていく実践である。すなわち、地
域を人と人との関わりの集合体として捉え、一人ひとりの関わりが地域
で起きる動きや問題を生み出し、その関わりの変容が地域の変革につな
がるという視点である。これまで地域福祉推進のキーワードとしてきた
参加や協働の関係は「さまざまな人々が場に参加すること」を「協働」
と表現し、その場を組織し、地域住民が参加することをコミュニティ
ワークとして「支援」することを想定してきた。

　一方で、なごみの活動で特徴的なのは地域での小さな関わりを生み出
し続けている点である。図表2は、田村（2020）が「交流拠点の周知・
充実期」「地域課題の整理・立ち上げ期」「常設型拠点を軸とした地域活
動展開期」の3ステージに整理したなごみの活動の展開による地域の変
化を図式化したものである[3]。

　「交流拠点の周知・充実期」には地域内の一部がネットワーク化され
ているものの、関係性が一部に限定され、地域外や関係者以外の人との
交流の方法や、地域課題に対しての意識はあるもののどのように取り組

3　各ステージでの活動展開の詳細は田村（2020）を参照のこと。

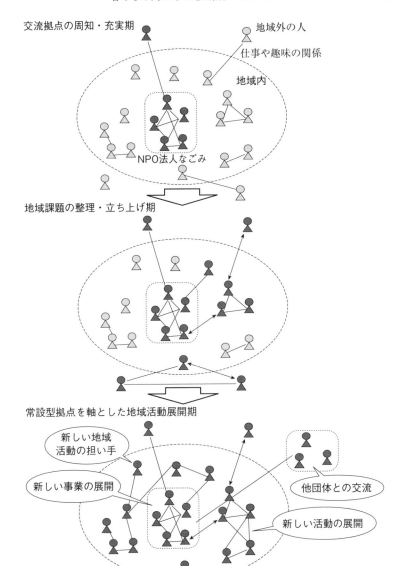

交流拠点の周知・充実期

地域外の人

仕事や趣味の関係

地域内

NPO法人なごみ

地域課題の整理・立ち上げ期

常設型拠点を軸とした地域活動展開期

新しい地域
活動の担い手

新しい事業の展開

他団体との交流

新しい活動の展開

図表2　なごみの活動の展開による地域の変化
出典：板倉（2020：24）を参考に、NPO法人なごみ田村幸大氏ヒアリングと提
　　供資料から筆者作成

むのかを模索した時期である。「地域課題の整理・立ち上げ期」には、地域調査やワークショップを行うなど、それまで顔を合わせたことのなかった人同士の関わりが生まれた時期である。地域外の人との関わりの増加や、地域内での新しい関わりが生まれたことで、住民一人ひとりの地域への思いが共有され、互いに影響しあうことで地域への意識や行動が変わり始めた。「常設型拠点を軸とした地域活動展開期」では新しい関係性の中から地域に新しい動きが生まれる。関わり方の変容や関わり合いが連鎖的に生まれ動的で自律的な地域活動としてのコミュニティが生まれ始めている。

　小さな関わりを生み出すために、なごみでは"必要とする人の参加"を重視し"ともに活動をしたい人"に協力依頼をしながら、関わりの輪を広げている。例えば、高校生に、買い物にひとりで行くことが困難な高齢者のおつかいを依頼するなど、地域との接点を広げる中で、なごみに訪れる人、サービスを利用する人と地域との接点、家族との関係、地域の人々などさまざまな暮らしの模様が見えてくる。単になごみの活動を地域に展開するだけでなく、地域の声を自らの課題として語り地域におけるなごみの役割を問い続ける中で、関係性への気づきや使命を意識化する契機を伴って活動を展開していると言える。

（3）関係性の広がりから生まれる地域活動

　「日常的な経験や関わり」を学びにつなげていくための居場所づくりから、地域の多様な人々の関わり合いを生み出すことの模索からはじまった活動は、そこに多世代の住民が集まるようになり、さらに出会いを通じてさまざまな「小さい地域活動」が生まれる。こうした活動が網の目のように発展していく過程で、さらにつながりが生まれ、信頼し助け合える関係がひろがり、地域内外のネットワークが深化していくと言える。"地域に存在する関わり"の可能性をどう展開していくかは地域

住民が選んでいくものであろう。3つめは、目の前の「地域」の奥にある、ダイナミズムを見渡し「生まれた関わり」を束ね広げていくというコミュニティワークへの視座である。

　地域活動・市民活動の創発と地域のつながり、広がりや重なりは、公（public）とは異なる共（common）の領域に関心を持つ人々の、緩やかで開かれたつながりと信頼（社会関係資本）が基盤となることが多く指摘されている（例えば、菅野 2020）。そこでの活動は、関わる人らの創意工夫のもとに地域の特性が活かされたユニークな内容のものが多く、参加する人にとっても無理なく楽しみながら継続できるものとなっている。実際に、「まちの見守り隊」や「鳴尾ふぁみり〜マルシェ」は地域の問題解決への取り組みという切迫した意識や義務感よりも、地域の共の利益につながる新たな価値創造への参加の喜びという動機に支えられている。

　地域福祉の推進という背景に限らず、全国に増加している地域の居場所には、多様な人が自由に出入りし交流する中でさまざまなつながりと活発な活動が生まれており、そこには地域参加の動機づけが生まれるメカニズム[4]や、関わりの変容による地域活動の創発があるといえる。本研究では、地域の関わりに注目しながら、活動の展開を検討したが、いかに地域活動への参加者が自発的に行動をはじめたのかそのプロセスと支える仕組みの解明は今後の課題としたい。

4　例えば、日本建築学会（2010）は、高齢福祉施設や若者の居場所のほか、団地の集会室や公園といった幅広い居場所の事例を取り上げまちの居場所の特徴を、1)訪れやすいこと、2)多様な過ごし方ができること、3)多機能であること、4)多様な人の多様な活動に触れられること、5)自分らしく居られること、6)社会的関係が作り出されること、7)参加できる場があること、8)キーパーソンがいること、9)柔軟であること、10)地域との接点がもたらされること、11)物語が蓄積されていること、の11にまとめている（日本建築学会 2010：180-194)。

4．おわりに

（1）「地域における公益的な取組」の視点

　全国社会福祉協議会（2019）の調査によると、半数近くの社会福祉法人が「地域に向けた事業展開」を「地域における公益的な取組」として実施している。一方で、地域住民などさまざまな主体との連携の強化やネットワークの構築を今後の課題として指摘する。関川（2019）は、地域共生社会の実現に向けた社会福祉法人に期待される役割という視点から「地域における公益的な取組」に、間接的に社会福祉の向上に資する取組みの意義を指摘する。地域での実践を行うなごみの活動を振り返ると地域活動への参加の動機は、地域で暮らす一人ひとりが他者や地域との関わりを得ることを通じて、その人らしい生活を実現していくという個人の主観的なものが先立ち、そこでの参加者同士の相互作用によって生まれるコミュニティや規範を通じて創発されるものであると理解できる。つまり、先立つのは福祉への意識ではなく、生活者としての現実である。

　社会福祉法人の地域貢献として求められるのは、知らず知らずのうちに地域住民の主体性が発揮されてしまう、すなわち、それらが創発する可能性を高める地域づくりの視点であろう。

（2）地域づくりとしてのコミュニティワーク

　なごみが実践を通して束ねてきた住民の暮らしのなかの"関わり合い"は、主体としての目的の明確さによる参加だけではなく、地域において他者に関わりながら目的そのものを生成していく視点を示唆している。さらにその"関わり合い"の変容が地域に変化を与え、コミュニティが形成されていると見ることができる。その要因の一つは、あらゆる人が「地域」に加担していると実感できるような仕掛けであろう。つまり、

福祉的な目的として語りえない活動が地域における関わり合いの創出につながり、それが“福祉的な”活動へと昇華していく可能性を模索することが重要となる。

　これらを踏まえると、地域福祉で言われる、地域との連携やネットワークの構築は、目的の重なり合わない活動への注目と、不意に生まれた接点の広がりから創出されると言える。多様で、重層的な関わりの中から地域活動が創発されていくことへの着目がコミュニティワークの着眼点となるだろう。

（3）今後の課題

　以上の検討からコミュニティワークを、ある働きかけをすることでそれに対応する行動が生じるという因果関係的な視点ではなく、エコロジカルな視点に基づいて地域の担い手や活動が創出される過程を生み出す方法として考える重要性が見えてくる。地域福祉においては、主体性を育み住民参加を進めてことが課題とされてきたが、そもそも参加は「暮らし」にあるさまざまな制約のなかで、その環境に適応したり、ニーズや価値観を表現したり、行動を起こしたり、と環境とも融和しながら自分と他者にある曖昧な主体性の交わりの中から生まれるものであろう。社会福祉法人の地域貢献に限らず、地域共生社会など社会政策のなでも「地域」への展開が重要視されるが、そこには居心地の良さや楽しみだけでなく、悩みや葛藤なども同時に存在する。本稿では「関わり合いの広がり」という融和に注目してコミュニティワークを考察してきたが、同時に存在する緊張関係や葛藤の考察は今後の研究課題としたい。

参考文献

井岡勉（2008）「地域福祉とは何か」井岡勉監修、牧里毎治、山本隆編『住民主体の地域福祉論―理論と実践』法律文化社，11-21.

岡村重夫（1974）『地域福祉論』光生館.

小野達也（2014）『対話的行為を基礎とした地域福祉の実践―「主体－主体」関係を築く』ミネルヴァ書房.

神野直彦（2018）「地域福祉の「政策化」の検証」社会福祉研究第 132 号、鉄道弘済会, 21-28.

坂倉杏介（2020）「なぜいまコミュニティマネジメントか」坂倉杏介・醍醐孝典・石井大一郎著『コミュニティマネジメント　つながりを生み出す場、プロセス、組織』中央経済社, 2-29.

全国社会福祉協議会（2019）『地域共生社会の実現を主導する社会福祉法人の姿　地域における公益的な取組に関する委員会報告書』（https://www.shakyo.or.jp/tsuite/jigyo/research/20190322_koueki.pdf, 2021.1.9）

菅野拓（2020）『つながりが生み出すイノベーション　サードセクターと創発する地域』ナカニシヤ出版.

竹内友章（2019）「「仕事づくり」と地域課題の解決による社会福祉法人の地域への貢献」関川芳孝編『社会福祉法人制度改革の展望と課題』大阪公立大学共同出版会, 137-151.

竹内友章（2020）「地域福祉としての社会起業に関する研究」立教大学大学院コミュニティ福祉学研究科 2020 年度春学期期末報告書.

田村幸大（2020）「NPO 法人なごみ　2013 ～ 2019 年変遷」藤井博志監修『住民主体の地域ケアの展開　専門職協働と自治体支援のあり方』全国コミュニティライフサポートセンター, 47.

武川正吾（2006）『地域福祉の主流化－福祉国家と市民社会Ⅲ』法律文化社.

牧里毎治（1984）「地域福祉の概念」阿部志郎・右田紀久恵他編『地域福祉教室　その理論・実践・運営を考える』有斐閣, 60-68.

牧里毎治（2010）「地域福祉とは何か」『NHK 社会福祉セミナー 2010 年 8 月～ 11 月号』日本放送出版協会, 21-26.

日本地域福祉学会（2020）「日本地域福祉学会第 34 回大会 大会趣旨」（http://jracd.jp/file/2020/34thkaisaiyoukou2020.pdf, 2021.3.9）

日本建築学会編（2010）『まちの居場所 まちの居場所をみつける／つくる』東洋書店.

橋本理（2019）「社会福祉のサービス供給と公私関係─「地域共生社会」における社会福祉法人の役割検討をかねて」関川芳孝編『社会福祉法人制度改革の展望と課題』大阪公立大学共同出版会，76-88.

原田正樹（2014）『地域福祉の基盤づくり　推進主体の形成』中央法規.

社会福祉法人の公益的活動による
ソーシャル・イノベーション創出の展開可能性

金城学院大学　　柴田　学

1. はじめに

　これまで筆者は、地域福祉実践としての経済活動という現象を、様々な概念を用いて把握してきた。それは、社会起業（柴田 2011）や社会的企業（川村・川本・柴田・武田 2015）、コミュニティ・ビジネス（柴田 2016）、そして連帯経済（柴田 2017、2020c）および社会的連帯経済（柴田 2020b）など様々で、現在も概念設定については日々模索し続けている。ソーシャル・イノベーション（柴田 2020a）という概念研究も、その模索のなかの一つである。

　近年の地域福祉研究では、この「イノベーション」というキーワードが少しずつだが散見するようになった。2017 年には日本地域福祉学会第 30 回大会記念出版として「地域福祉のイノベーション」が上梓された。編者の代表である宮城孝は、地域福祉のイノベーションを「コミュニティの持続可能性の危機に対する地域福祉の課題解決の取り組みを通して、新しい社会的価値を創出し、社会的効果をもたらす革新」（宮城 2017：2）であると定義している。また、地域福祉のイノベーションに求められる 4 つの視座として①「地域福祉の対象認識の変革」、②「地域福祉についての制度や規範の再構築」、③「領域を超えた関係性の創出」、④「地域福祉における主体の動態的な変化の活性化」を挙げている。この地域福祉のイノベーションの定義は、後述する谷本寛治ら（2013）による「ソーシャル・イノベーション」の定義を踏まえたものである。しかしながら、地域福祉のイノベーションについては、その概念の掘り

下げが必ずしも深いわけではなく、あくまでコンセプトの提示に留まっており、そもそもイノベーションやソーシャル・イノベーションとの差異についても精査されているわけではない。地域福祉実践としての経済活動の把握を模索してきた筆者としては、この機会に改めて、ソーシャル・イノベーションの立ち位置を確認する作業が必要であると考えた。

　そして、ソーシャル・イノベーションの実際を把握する事例としては、社会福祉法人の実践、特に、社会福祉法人の公益的活動に焦点を当てて考えたいと思う。昨今の社会福祉法人制度改革、地域共生社会政策の推進、そして社会福祉推進連携法人制度の創設などを通じて、社会福祉法人は、地域社会との連携・協働による課題解決の実践主体として、制度・政策側の役割期待を背負うこととなった。こうした大きな転換期において、社会福祉法人は、その存在価値を地域社会においてどこまでアピールできるのだろうか。特に、社会福祉法人における公益的活動の法制化（「地域における公益的な取組」の責務化、「地域公益事業」の法制化）は、社会福祉法人が地域社会との連携・協働による課題解決にインパクトを残せるほどの存在価値を見出せるものになるのだろうか。

　というのも、現在、経済活動における主要な舞台である市場機構のあり方は、変貌を遂げつつある。例えば、SDGs（持続可能な開発目標）に沿った取り組みは政府や非営利組織に限らず、企業においても求められるようになってきた。その目標に準じて、経済発展と社会課題の解決を目指す内閣府提唱のSociety5.0やCSV（協業による共通価値の創造）のあり方が議論されているが、それらに共通するのは地域社会との多様なパートナーシップによるイノベーションの創出が想定されていることである。

　つまり、地域社会との連携・協働による課題解決というのは、これからの社会連帯のあり方において、社会福祉学ないしは地域福祉実践における独自な展開ではなく、むしろ分野を超えた共通認識になりつつあ

る。企業ですら地域福祉実践の主体となりうる可能性がある中で、社会福祉法人の公益的活動には、制度・政策側の役割期待を越えて、地域社会にイノベーションを創出するための必要な実践として「自らの公益性のあり方に再考を迫ると同時に、本来の民間性への原点回帰」（村田2014：200）がより求められているのではなかろうか。

　上記のような問題意識のもと、本稿では、まず、ソーシャル・イノベーション概念の立ち位置について検討したい。そして、ソーシャル・イノベーションを創出する実践主体として、社会福祉法人に着目し、社会福祉法人の公益的活動によるソーシャル・イノベーション創出の展開可能性について考察を試みる。

2．ソーシャル・イノベーションとは何か

（1）そもそもイノベーションとは

　イノベーションの語源は、ラテン語で「innovare（インノバーレ）」に由来し、「in（＝into）novare（＝make new）」いう、内部から何かを新しくすることを意味している（玉田2015）。つまり、その用語自体に、「『何か新しいものを取り入れる、既存のものを変える』という意味」（青島2017：1）を持ち、「本来の意味のイノベーションは、教育、芸術、政治、軍事、スポーツなどあらゆる分野に存在する」（青島2017：2）のだという。日本では「技術革新」という意味合いが一番浸透しているようにも思えるが、そう訳されてきた理由として、1956年度「経済白書」の中で、技術革新（イノベーション）と訳語をはめたことが始まりであるとされている（青島2017、白川2014）。吉岡徹（2019：3）によれば、イノベーションという用語の使われ方としては、概ね、①「革新と捉えるもの」、②「価値の創出と捉えるもの」、③「革新、かつ、それによる価値の創出と捉えるもの」、④「技術の革新と捉えるもの」、⑤「不連続

な革新と捉えるもの」、⑥「不連続な革新、かつ、それによる価値や市場の創出と捉えるもの」という６種類に整理できるという。その上で、この６種類が、「『革新』に何らかの条件を求めるのか、また、価値の創出を求めるのかが大きな違いである」（吉岡 2019: 3）と説明している。

　例えば、「地域福祉のイノベーション」というコンセプトを最初に打ち出した瓦井昇（2011：223）は、「イノベーション＝技術革新」を誤訳であると指摘し、正しい意味は the introduction of something new という、「社会に新しい価値をもたらす行為」であると言及している。ここで企図しているのは、地域福祉による新しい価値の創造であり、②や③に当てはまると言える。したがって、イノベーションをどのように捉えるかについては、論者が企図する意味合いに応じて違ってくるといえよう。

　イノベーションの代表的論者がシュンペーター（Schumpeter）であり、イノベーションを語る際にある種の古典として頻繁に引用されている。彼は「経済発展の理論」のなかで、「発展とは自分自身のなかから生み出す経済生活の循環の変化であり、外部からの衝撃によって動かされた経済の変化ではなく、自分自身に委ねられた経済に起こる変化とのみ理解すべきである」（Schumpeter ＝1980：146）として、動態的な経済発展の中で自発的かつ非連続的な変化を重視しており、イノベーションとは、生産手段（新規もしくは既存の知識や物、力）を、従来とは異なったかたちで新結合することであると定義している。そして、そのようなイノベーションを起こす主体が企業者（起業家や経営者等）であり、企業者が新結合を遂行することによって、内部から自発的に経済構造をダイナミックに変革していくという「創造的破壊」を提唱した。また、シュンペーターは、新結合の類型として図表１のように整理している。

　シュンペーターのイノベーション理論をさらに発展させたのが、ドラッカー（Drucker）である。ドラッカー（＝2007）は、イノベーショ

図表1　新結合の類型

新結合（＝革新：イノベーション）	概要
①新しい商品の生産	・まだ知られていない新しい商品、新しい品質の開発
②新しい生産方法の導入	・商品の新しい扱い方など、未知の生産方法を開発 ・科学的発見に基づく必要はない
③新しい市場の開拓	・従来参加していなかったマーケットの開拓
④新たな供給源の獲得	・原料や半製品などの新たな供給源を開発
⑤新しい組織の実現	・独占的地位（トラスト化など）の形成あるいは独占の打破

出典：Schumpeter（＝1980）、青島（2017）、白川（2014）を基に筆者作成

ンこそが起業家が富を生み出す道具であり、その起業家精神の根幹となるものが「体系的イノベーション」であると述べている。この体系的イノベーションとは、産業の内部（①予期せぬ成功と失敗、②ギャップを探すこと、③ニーズの発見、④産業構造の変化を知ること）、産業の外部（⑤人口構造の変化に着目すること、⑥認識の変化を捉えること、⑦新しい知識の活用・獲得）に、それぞれイノベーションを生み出す機会の一連を指し、この7つの機会を全て分析する必要があるとしている。また、イノベーションを「供給に関わる概念よりも需要に関わる概念、消費者が資源から得られる価値や満足を変えることと定義することができる」（Drucker ＝2007：13）としている。シュンペーターが企業者・供給サイドからイノベーションに接近しているのに対して、ドラッカーはあくまで顧客・受益者サイドの観点で一貫している。なお、ドラッカーは、イノベーションは現状維持の発想から起こるものではなく、あるべき姿からバックキャスティングして、今必要なイノベーションは何かを導き出す必要があることを示唆している。

　一方で、クリステンセン（Christensen）が提唱した「イノベーショ

ンのジレンマ」（Christensen ＝2001）では、業界トップとなり成功した巨大企業が顧客ニーズに対応し、高品質な製品・サービスを提供することで、イノベーションに立ち後れ、結果として失敗を招くという考え方を帰納的に導かれている。イノベーションに立ち後れるのは、顧客ニーズを満たすことに没頭している間、性能は低いが低価格で製品やサービスを提供し、新しい顧客を開拓するという破壊的技術（破壊的イノベーション）が台頭してくるからである。この理論では、あくまでイノベーションを起こすイノベーターがアイデアを生み出すことに焦点を当てている。

（2）ソーシャル・イノベーションをめぐる議論

そもそも「イノベーション」に対して、「ソーシャル」という言葉が追加されることによって、これまで整理してきたイノベーションとは何が違うのかが問われる。山本隆（2014）は、マルガンら（Murray, Calulier-Grice and Mulgan）によるソーシャル・イノベーションの定義を踏まえた上で、「ソーシャル・イノベーションと他分野のイノベーションが異なるのは、他の組織との協調や協働の新しい形態という点である。したがって、経営や技術面のイノベーションとは社会関係性が違ってくる」（山本 2014:52）と指摘している。また、山本は、ソーシャル・イノベーションについて以下のように言及している。

「ソーシャル・イノベーションには『差異の結びつけ（connecter

1　マルガンらによる定義では、ソーシャル・イノベーションは「切迫した未充足のニーズに対応できる新しいアイデアである。それは目的と手段において社会性をもち、製品やサービスの提供において新奇のアイデアを盛り込んでおり、同時に他のどのものよりも効果的に社会的ニーズを満たし、新しい社会関係と共同活動を創造する斬新なアイデアを意味する」（Murray, Calulier-Grice and Mulgan 2010＝山本隆訳 2014：52）としている。

difference)』理論がある。これは、ソーシャル・イノベーションは新規のものよりも、むしろ既存の要素の新たな“組み合わせ”またはハイブリッドだという考え方である。つまり、新奇さ・奇抜さばかりを追求するのではなく、普及のプロセスにおいて、様々な組織、セクター、学問の境界を超えて広く社会に影響を及ぼすものを重視し、異なったものを結合する作業である」（山本 2014：53）

　たしかに、イノベーションが（起業家やイノベーターなどの）個人に焦点を当てていることや、破壊的イノベーションを想定する時点で他者や他組織とは競争・競合関係にあるという前提で考えてしまうと、協調や協働という意味合いは見出せなかった部分である。そういう意味で、ソーシャル・イノベーションにおける「ソーシャル」には、人と人が関係し合って社会参加するという意味合いも包含されていると考えて良いのかもしれない。

　日本におけるソーシャル・イノベーションの研究では、谷本寛治を代表とした研究グループの業績がある。谷本らは、ソーシャル・イノベーションを「社会的課題の解決に取り組むビジネスを通して、新しい社会的価値を創出し、経済的・社会的効果をもたらす革新」（谷本ほか 2013：8）であると定義し、そのポイントとして①社会的課題の解決を目指したものであること、②ビジネスの手法を用いていること、③社会的価値と経済的価値が求められること、④新しい社会的価値を創出すること、を挙げている。

　谷本らの研究グループの一人である大室悦賀（2018）は、ソーシャル・イノベーションに関する議論について、4つの視点で整理している（図表2）。イノベーションでも想定されていた市場レベル以外にも、国家レベルやコミュニティレベルという公益性・公共性の強い部分にも視野が広がっている。個人レベルでは、「消費行動を起点としてソーシャル・

図表2　ソーシャル・イノベーションの4つの視点

タイプ	組織／システム	概要
①国家レベルにおける政治活動	政府・行政／法システム	マクロな制度改革を通して、医療、福祉、教育領域などにおける経済的・社会的パフォーマンスを改善する
②市場レベルにおけるビジネス活動	ビジネス（企業・NPO）／市場	ビジネスを通して、多様な社会的課題の解決を目指す
③コミュニティレベルにおける社会活動	市民社会組織（CSO）／コミュニティ	コミュニティレベルの市民活動等を通して、多様な社会的課題の解決を目指す
④個人レベルにおける社会的活動	個人／市場	消費行動のイノベーションに基づいた解決

出典：大室（2018：135）

イノベーションで、ユーザー・リードとも呼べる領域で、オーガニックやフェアトレード、エシカルトレードなどの社会指向型消費が企業や行政に変化をもたらす」（大室 2018：134）ことが想定されている。また、図表2と対応させて、近年のソーシャル・イノベーションに関する既存研究を整理・分類したのが、図表3となる。ビジネスによるアプローチについては、非技術的なソーシャル・イノベーション（タイプ②-A）と、技術的なソーシャル・イノベーション（タイプ②-B）の2つに大別されている。谷本らのアプローチは非技術的なタイプ②-Aに分類される。注目すべきは、タイプ③に分類されるコミュニティによるアプローチであろう。このタイプでは、特定の社会起業家だけに着目するのではなく、人や組織、コミュニティも含めた多様なステイクホルダーとの関係性の中でソーシャル・イノベーションを捉えようとする。市民活動や社会運動も含まれ、必ずしもビジネスによるアプローチのみを対象にしない、多様な取り組みが想定されており、地域福祉との親和性も高そうだ。先述したマルガンらは、このタイプに属する。

図表3　ソーシャル・イノベーションに関わる研究の分類

	概要・焦点	対象（典型例）	手法
タイプ① Hamalaine and Heiskala（2007） Taipale ed.（2006） Drucker（1993）	・マクロの制度改革を通して、医療、福祉、教育領域などにおける経済的・社会的パフォーマンスの改善	・構造的な失業問題、地域間格差の是正 ・医療・福祉・教育制度の社会制度改革等	・産業界、地域、社会における構造的な調整プロセスの検討 ・制度論の適用 ・構造変化：規範・ルールの変化のプロセス
タイプ②-A 谷本編（2006） 谷本他（2013） 大室（2016）	・多様な社会的課題の解決を目指し、企業やNPO／NGOなどの主体がビジネス活動を通してソーシャル・イノベーションを創出	・ホームレス・障害者雇用の促進 ・教育（青少年・高齢者）問題の解決 ・環境問題の解決（再生可能エネルギーの普及等）	・ビジネス・アプローチ ・社会的企業家の機能分析 ・ソーシャル・イノベーションの創出、発展、普及 ・マルチ・ステイクホルダー・アプローチ
タイプ②-B Rosenbloom and Marris（1969） Christensen（1997） Christensen et al.（2004）	・新しい社会サービスの供給による社会経済システム、消費社会の変化 ・技術イノベーション研究の知見の社会分野への適用	・病院制度の革新 ・コンビニ・宅配便等 ・教育業界におけるIT利用に伴う社会改革等	・ビジネス・アプローチ ・イノベーションによる消費行動、ライフスタイル変化に注目
タイプ③ Westley et al.（2006） Mulgan et al.（2007） Phills et al.（2008）	・多様な主体による関係性からのソーシャル・イノベーションのアイディアの創出 ・市場レベルにとどまらない活動を視野に入れたソーシャル・イノベーション	・障害者雇用の促進 ・教育（青少年・高齢者）問題の解決 ・HIV／AIDS問題の解決等	・市民活動、社会運動も含む ・複雑系、生態学アプローチ等
タイプ④ 大平他（2013）	・着目点はあくまでも消費行動であり、社会指向消費者の起点とするミクロ分析	・社会指向型消費者 ・社会指向型消費	・消費行動

出典：大室（2018：136）を一部修正

図表 4　ソーシャル・イノベーション・クラスター

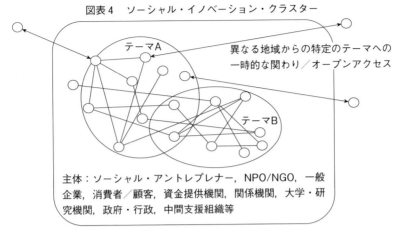

テーマA

異なる地域からの特定のテーマへの
一時的な関わり／オープンアクセス

テーマB

主体：ソーシャル・アントレプレナー，NPO/NGO，一般
企業，消費者／顧客，資金提供機関，関係機関，大学・研
究機関，政府・行政，中間支援組織等

出典：谷本ら（2013：25）

　そして、谷本ら（2013）の研究で注目されるのは、単に社会起業家に
よるソーシャルビジネスモデルだけを分析するのではなく、社会起業家
を取り巻く様々なステイクホルダー（ユーザー、専門家、関係機関、
NPO、地域社会、住民、行政など）との関係性への分析に力点が置か
れている点だ。谷本ら（2013）は、こうした多様なステイクホルダーが
対話、学習するための場を「ソーシャル・イノベーション・クラスター」
（図表 4）と呼称し、①領域を超えた関係性、②オープンアクセス、③
コミュニティにおける制度や規範の変化、④動態的な変化、と言う四点
で特徴づけている。特に、①領域を超えた関係性とは、山本が指摘した
「差異の結びつけ（connecter difference）」理論とも関連するものであ
ると考えられる。言い換えれば、「異質性の協働」を企図しているとと
もに、シュンペーターのイノベーション論に回帰すれば、"従来とは異
なったかたちで新結合すること"を社会関係性の中で新たに展開するこ
とであると言えよう。

3. 地域イノベーション概念をめぐる両義性 ―システムか、生活世界か

　ここまでは、イノベーションとソーシャル・イノベーションの概念について整理してきたが、地域福祉のイノベーション概念との差異を押さえる前に、もう一つの論点として、地域イノベーション概念についても整理しておきたい。地域イノベーションが論じられているのは、主に地域経済学や地域地理学、地域政策学等であるが、ここでは、地理学者の杉山武志による整理に従って地域イノベーション概念を把握することとしたい。

　杉山（2020）によれば、地域イノベーション概念は、①マイケル・ポーター（Poter ＝1992, 1999）の競争（優位）戦略論に基づく産業クラスター論やEUの政策プログラムを背景に構築された「地域イノベーションシステム論」、②「互酬性ベースの地域イノベーション論」に分類できるという。特に、杉山は、日本の「地域イノベーションシステム論」は、産業クラスター論との連動のベクトルが強いことを指摘した上で、「特定の産業分野に特化した技術開発および研究開発を重視する競争優位性の獲得に向けた姿勢を前面に打ち出すようになってきている」（杉山2020：53）と批判的に検討しており、「地域イノベーション概念は、グローバル競争に打ち勝つための特定の産業分野と研究開発・技術開発の競争優位性を一層、推進しようとする理論に動員されつつあるように映る」（杉山2020：54）と危惧を表明している。その上で、加藤恵正（2002）が提唱した地域イノベーション論に依拠しながら、ポランニー（＝2009）による「互酬性」の原理やコミュニティ・ビジネス、社会的連帯経済（廣田2016、Laville ＝2012）への概念に接近し、「営利・非営利にとらわれず多様な主体が参加する社会的連帯経済の生成を通じて互酬性ベースの連帯意識を紡ぎ出す地域イノベーション論」（杉山2020：

図表5　ハーバーマスによる「システム／生活世界」の二層論

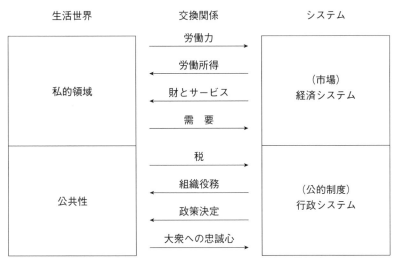

出典：Habermas（=1987：310）を一部修正・加筆

57）を2つ目の要点として導き出している[2]。

　この地域イノベーション概念をめぐる両義性において想起されるのが、ユルゲン・ハーバーマス（Jürgen Habermas ＝1987）における「システム／生活世界」の二層論である（図表5）。近代社会におけるシステムの発展により、システムが生活世界の領域まで侵入すること（生活世界の植民地化）を、生活世界側は抗おうする。そこで「システム／生活世界」には抗争のラインが引かれることとなる。地域イノベーション概念をめぐる議論もある意味では、システムに偏る「地域イノベーションシステム論」と、人々の生活世界の視点に基づく「互酬性ベースの地域イノベーション論」という抗争が、実際の地域レベルで発生している

2　なお、杉山（2020）は、「互酬性ベースの地域イノベーション論」においてシュンペーターやドラッカーによるイノベーション概念への吟味が十分に議論されていなかったことが、地域イノベーションシステム論のリードを許したのではないかと指摘している。

という現実を示しているようでならない。

4．ソーシャル・イノベーションにおけるシステムの両義性
—地域社会における「システム／生活世界」の次元か、
個人・組織の関係性による【システム】の次元か

　地域イノベーション概念をめぐる論点を踏まえて、改めてソーシャル・イノベーションについて再検討すると、谷本らが提唱したソーシャル・イノベーション・クラスターは、地域社会におけるクラスター構造を想定している意味において、どうしてもハーバーマスの「システム」という言葉と結びついてしまう。この場合、行政機構や市場機構を大前提に捉えている「システム」と、ソーシャル・イノベーション・クラスターが想定している【システム】を分けて考えなくてはならない。

　ソーシャル・イノベーションが想定する【システム】は、厳密に捉えれば"システム思考"の捉え方に依拠していると考えられる。システム思考とは、「社会に起きていることは互いに影響を及ぼし合いながらつながっている『システム』である」（井上 2019：21）と捉え、「望ましい目的を達成できるように、要素間の相互のつながりを理解する能力」（David. P. S. ＝2018：48）のことを指す。そもそもソーシャル・イノベーションのプロセスが、概ね社会起業家やイノベーター個人や社会的企業という組織の発展プロセス、特にネットワークの発展や広がりに焦点を当てた議論が多いことを踏まえても、その【システム】における言葉の眼差しは、ソーシャルアントレプレナーシップに端を発する個人や組織が他の要素と結びつこうとするネットワーキングに向けられることが想像できる。

　そう捉え直してみると、ソーシャル・イノベーション・クラスターが想定するのは、地域社会における「システム／生活世界」ではなく、ソー

図表6　ソーシャル・イノベーションにおけるシステムの両義性

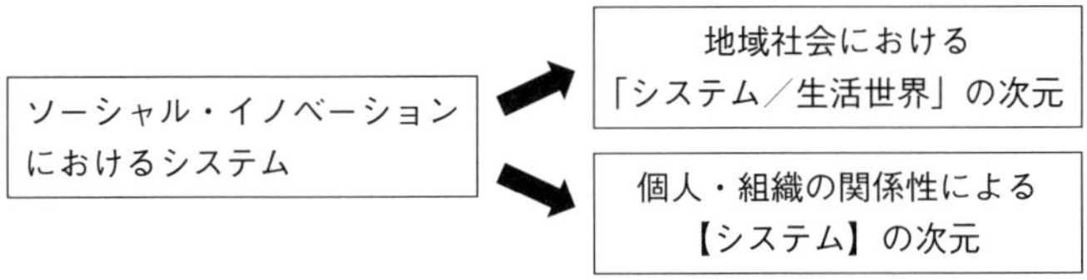

シャル・イノベーションを創出する個人や組織が他の要素と結びつき、地域社会の中で関係性を構築するという総体としての【システム】の把握であると言って良い。ソーシャルワークの理論で言えば、社会システム理論やエコロジカルアプローチに類似したものとして考えると分かりやすい。したがって、地域社会という舞台の次元で「システム／生活世界」を捉えるのか、個人・組織が他の要素と結びつくという関係性の次元で【システム】を捉えるのか、その両義性（図表6）を踏まえなければ、ソーシャル・イノベーションの捉え方を見誤ってしまうこととなる。

5．ソーシャル・イノベーションの位置づけ

　上記の先行研究を踏まえて、地域福祉のイノベーション、イノベーション、そしてソーシャル・イノベーションにおける位置づけについて一旦の整理を試みたい。

　（あくまで経済学で用いられてきた）イノベーションの概念は、市場性、ビジネスサイドの論理から展開されてきたと言える。一方で、地域福祉のイノベーションの定義を今一度確認すると、「コミュニティの持続可能性の危機に対する地域福祉の課題解決の取り組みを通して、新しい社会的価値を創出し、社会的効果をもたらす革新」（宮城2017：2）であり、コミュニティの持続可能性や社会的価値を強調している。そう言う意味で、イノベーションとは向かうべき力点を対極に位置しておく[3]。

図表7　地域福祉のイノベーション／ソーシャル・イノベーション／イノベーションの位置づけ

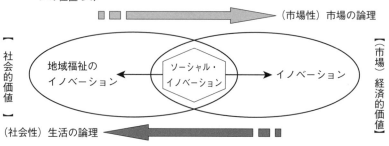

　一方で、昨今では、市場原理に基づくビジネスサイドからも、生活者視点（生活の論理）を取り入れたイノベーションのあり方が提案されるようになってきた（イノベーションデザイン編集会議2018）。SDGsでの議論が代表的だが、企業においても本業での社会課題解決が問われるなかで、もはや「市場の論理か」「生活の論理か」という二元論でイノベーションを区分することが難しくなっている。そうした観点から、ソーシャル・イノベーションについて、今一度谷本らの定義を確認すると、「社会的課題の解決に取り組むビジネスを通して、新しい社会的価値を創出し、経済的・社会的効果をもたらす革新」（谷本ほか2013：8）であると述べている。この定義では、社会的価値だけではなく、ビジネスであることや（市場）経済的価値にも視野を広げたハイブリッドな側面が強い。つまり、ソーシャル・イノベーションは、イノベーションと地域福祉のイノベーションの両義性を持つという意味でも、中間に位置づけることができる（図表7）。また、「生活の論理」「市場の論理」の双方に接近する概念として、この二元論を突破する可能性を秘めていると言えよう。

3　そもそも地域福祉は、「生活者の視点から地域に起こる福祉問題を住民の立場から実践し、また制度改善を目指す取り組み」（牧里 2010：21）であり、市場の論理（市場性）よりも、地域での生活の論理（社会性）に軸足を置かねばならない。

図表 8 「事業ドメイン」の定義からみた社会福祉法人の公益的活動

活動方法 事業ドメインの定義		①単独	地域との連携	
			②主として福祉資源	③社会福祉を越えた地域資源
①既存ドメイン（物理的定義）		A	B	C
拡大・誇張（機能的定義）	②社会的要援護者	D	E	F
	③暮らし・生活	G	H	I

出典：村田（2018：140）

6．社会福祉法人の公益的活動とソーシャル・イノベーション —二つのシステムの次元

　ここまでは、ソーシャル・イノベーションの位置づけについて検討してきた。本節では改めて、社会福祉法人の公益的活動についてソーシャル・イノベーションの観点から把握することとしたい。その際に参考にしたいのが、村田文世（2018）による「事業ドメイン[4]」概念を応用した、社会福祉法人の公益的活動の理論的整理である（図表8）。具体的には、本業である社会福祉事業という既存ドメイン（物理的定義）で捉えるのか、既存ドメインの範疇を超えた地域における生活困窮者等の社会的要援護者支援もしくは住民の「暮らし・生活」の中で抱える困難・地域課題を支援するまで拡大・拡張（機能的定義）して公益的活動を捉えるか、という視点で整理を試みている。また、実際の活動方法を①法人単独、②地域における他の非営利法人や公的機関などの「福祉資源との連携」、③地元企業や農業などの「社会福祉を越えた地域資源との連携」と区分して、事業ドメインとの組み合わせを提示している。社会福祉法人は社

4　村田によれば、「戦略領域を含むドメインの定義は、組織がいま如何なる事業を行い今後どのような事業を展開しようとしているのか、組織のアイデンティティや経営戦略を明確化する作業ともなる」（村田2018：139）という。

図表 9　社会福祉法人の公益的活動の展開（試論）

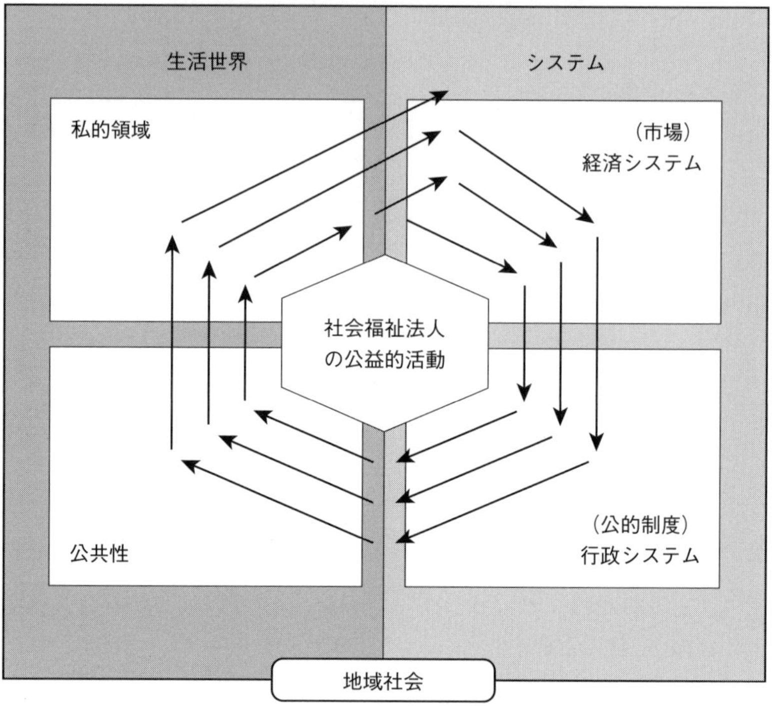

生活世界

システム

私的領域

（市場）
経済システム

社会福祉法人
の公益的活動

公共性

（公的制度）
行政システム

地域社会

※　→は，ソーシャルイノベーションの展開をイメージ

会福祉事業を既存ドメインに展開する組織ではあるものの、社会的要援
護者や住民の「暮らし・生活」への支援を展開する実践主体としての広
がりも想定されている。

　こうした村田の事業ドメインを踏まえて、ソーシャル・イノベーショ
ンの観点から社会福祉法人の公益的活動の展開構図を試論的に示したの
が図表 9 である。例えば、住民の「暮らし・生活」を支援する公益的活
動であれば、場合によっては社会福祉を超えた地域資源と結びついて、
新たな地域事業を開発することになるかもしれない。また、既存ドメイ
ンとしての（主に税金で運用される）社会福祉事業は、ハーバーマスの
理論で言えば、本来は公的制度という行政システムから組織役務とし

て、生活世界にサービスが提供される構図になるが、その社会福祉事業が例えば地域と結びつき、連携・協働することになれば、新たな地域の課題解決に結びつくかもしれない。つまり、社会福祉法人の公益的活動が、地域社会における「システム／生活世界」をつなげる媒介機能として機能するとともに、通常のソーシャル・イノベーション概念では想定されにくい、行政システムへの変革のアプローチが社会福祉事業を通じて展開できる可能性を示唆するものである。

　一方で、個人・組織の関係性による【システム】からソーシャル・イノベーションを捉える際には、社会福祉法人側からすれば、その公益的活動の展開によって、どのようにソーシャル・イノベーション・クラスターを創出したのか、地域社会におけるアクター同士の社会関係性の把握が必要となる。

　こうした二つの“システム”の次元における社会福祉法人の公益的活動の把握については、実際の地域の事例を踏まえて検討することとしたい。

7．事例検討[5]

（1）真砂地区の概略

　島根県益田市では、20地区ごとの公民館が設置されるとともに、住民自治の強化と地域組織化が図られている。近年では地区単位での地域自治組織設立[6]が進められており、2021年1月末現在では19地区で設立されている。

　本研究の対象である真砂地区は、益田市外から約15キロメートル離れたところにある、島根県でも南部に位置する中山間地域である。約

5　月刊福祉2020年7月号で執筆した内容（柴田2020d）を大幅に加筆・修正してリストラクチャリングしたものである。

29 キロ平方メートルの土地に昭和 30 年代は 2,000 名の住民が暮らしていたが、1963 年の豪雪、1973 年と 1983 年の水害など相次ぐ災害とともに、高度経済成長期の若者流出も重なって人口は減少していった。2021 年 1 月末の人口は 347 名、高齢化率 52.7％、世帯数 162 世帯、自治会数は 8 団体である。

　真砂地区の主な地域課題としては、①高齢者（特に女性）のほとんどが車の運転ができない状況にあり買い物や通院ができないこと、②地域として高齢者を支えるための支援体制（見守り・声かけなど）が整っていない、③未耕作地・荒廃山林の増加、④農業の担い手不足、⑤学校施設整備と再編化問題、⑥地域としての子ども像が共有出来ていない、⑦地区内に商店・飲食街がなく高齢者の生活に影響を与えていることなどが挙げられている[7]。特に①については 2020 年 9 月末で公共交通バス路線が撤退し、より深刻な状況となっていた。こうした問題に対応するため、真砂地区では 2020 年 10 月から約 1 年半の間、デマンドタクシーの実証実験を行っている。

　地区内には、真砂公民館（以下、公民館）、有限会社真砂（以下、地域商社）、社会福祉法人暁ほほえみ福祉会（本部は益田市街：以下、社会福祉法人）が運営するデイサービスセンターひぐらし苑（以下、ひぐらし苑）と真砂保育園、真砂小学校、真砂中学校（2021 年 3 月閉校予定）がある。また、2013 年度から益田市が進める地域自治組織政策のモデル地区に選定され、2016 年より地域自治組織「ときめきの里真砂」（以下、地域自治組織）が設立されるとともに、2017 年には地域交流拠点「ひら山のふもとカフェ tele-glue（てれぇぐれぇ）」（以下、「てれぇぐれぇ」）を開設している。

　真砂地区では、真砂公民館と地域自治組織が核となって、地域商社、

6　益田市の地域自治組織の概要については、拙稿（2017）を参照されたい。
7　「ときめきの里真砂まちづくりプラン」より（②のみ一部修正・加筆）。

小中学校、社会福祉法人を巻き込んだ連携・協働による地域づくりが展開されている。

（2）公民館・地域商社・小中学校による一体的な「食育活動」

　真砂地区は全国の中山間地域と同様に、少子高齢化や人口減少、過疎化による農業の担い手不足、高齢者を中心とした交通弱者の増加、遊休農地や耕作放棄地など、複合的な課題を抱えている。また、2020年度は、中学校再編、公共交通路線撤退、JA支所の撤退という大きな課題に直面している。

　そのような中で、公民館は社会教育の拠点として機能するとともに、「農業」を中心とした生涯学習による研修機会を提供することで、地域住民の経済力向上のための支援を積極的に展開していた。しかし、経済力を向上するためには、研修会機能だけでは限界があった。また、高齢者の支援だけではなく、真砂地区の未来を担う子ども（次世代）の人材育成も一緒に考えなければ、持続可能な地域づくりも困難になることが予想された。

　そこで公民館がとった戦略が、地域商社とのパートナーシップである。地域商社は、地区の有志の出資により設立された背景もあり、常々地域に貢献できる活動の展開を模索していた。また、地元島根県産の大豆や水を用いた「真砂のとうふ」の生産・加工・販売を行っており、農業活動支援に必要なノウハウを持っていた。公民館は地域商社と話し合いを重ね、真砂地区の生活基盤の根底である「農業」を基盤とした地域づくりを進めることで意見が一致した。さらに、次世代の人材育成にも結びつけた結果、小中学校と連携した食育活動を行うこととなった。

　小中学校は公民館主催の研修会へ参加し、地域商社のサポートを通じて食と農業の体験学習を実施する。この体験学習による食育活動では、地域商社が小中学校の子どもや保護者とタッグを組んで、地域特産品や

加工商品開発を支援している。子どもの柔軟な発想を取り入れ、2011年には小学校から考案された「豆腐から揚げ」、2014年には中学校生徒が考案した「ドライカレー」が市内小学校の給食メニューに採用されるなど、新たなビジネスの可能性を創出している。真砂地区では、このような公民館・地域商社・小中学校による一体的な食育活動を「協働のトライアングル」と呼んでいた。

（3）給食食材提供を通じたコミュニティ・ビジネス

　食育活動の維持・発展とともに生まれたのが、保育園への給食食材提供である。約50戸の生産農家（真砂の食と農を守る会「大地」、以下「大地」）が、週2回公民館へ農産物（家庭菜園の余り野菜）を集荷する。真砂保育園では農産物の買取りを実施するとともに、市内他地区の保育園2ヶ所、サービス付き高齢者住宅（いずれも社会福祉法人が運営）にも出荷作業を行っている。生産農家は週1回公民館で生産者会議を開催し、保育園等からの要望を聞いて生産者同士で出荷前の調整を行う。また、生産者と各保育園等の調理師による月1回の情報会議が行われており、調理師はその会議での議論を踏まえて献立を考えている。なお、管理業務にはクラウドサービスを導入し、「大地」の事務局（業務は社会福祉法人に委託）と調理師との出荷調整をクラウド上でやり取りしている。商品・顧客・要望・集荷・出荷をアプリ化するなど、ICTの技術を取り入れたシステム化を実現している。

　保育園への給食食材提供は、農作物の生産だけではなく、それを保育園に出荷・販売することで、高齢者農家にとっての追加的収入を生むコミュニティ・ビジネスとなっている。また、「安心安全な食材を子どもたちに食べてもらいたい」という思いや願いから始まったこともあり、子どもに自分たちの農作物を食べてもらう事自体が、高齢者にとっての生きがい醸成にもつながっている。

　なお、食材提供については、市内レストランとの連携を進めており、レストランの要望を聞いて真砂ブランドによる西洋野菜の生産にも挑戦している。近年ではJRの豪華列車での昼食を提携レストランが担うことから、その食材の一部を出荷する展開を見せている。

（4）社会福祉法人との連携・協働が生み出した福祉活動

　真砂保育園では、真砂地区の里山を活用した「里山保育」を展開している。この里山保育では、保育園児がほぼ毎日真砂地区内へお散歩に出かけ、高齢者の家へ訪問・声かけ活動を行うとともに、高齢者と一緒に食事や農作業を手伝うなど、地域住民と触れ合う機会を意図的に設けている。子どもという存在はややもすれば、支援されるべき受動的存在として見なされがちである。しかし、真砂地区では、子どもがお散歩を通じて、地域福祉活動の主要な担い手として機能している側面がある。地域住民も子どもを地域で見守る体制を意識しており、「地域全部が園庭、地域住民みんなが保育者」をスローガンにかかげ、地域住民が一体となって里山保育を支えている。また、食育活動とも連動して、園児自身が釜でご飯を炊くなどの体験学習も実施している。

　なお、社会福祉法人では、地域自治組織とも連携・協働して、ひぐらし苑で使用している送迎バスの空き時間を利活用した買い物バスツアーを無料で実施している（月6回、定員9名）。この取り組みは、買い物難民対策であるとともに、ツアー終了後には真砂保育園へ立ち寄り、園児とともに給食を食べるなどの交流の機会も生み出している。他にもひぐらし苑では、「在宅高齢者への食事支援（お弁当の配食サービス）」や地域自治組織と連携・協働した「認知症予防カフェ」を展開している。このように、真砂地区では社会福祉法人との連携・協働によって様々な福祉活動が生まれている。

（5）「てれぇぐれぇ」開設による新たな交流や住民による生活支援サービスの創出

　真砂地区では、中学生以上を対象に地域自治組織への要望を調査している。その結果、地区内に飲食店や喫茶店がないため、地域住民が気軽に集える場所が欲しいというニーズが明らかになった。そこで地域自治組織としては、JA支所の遊休施設（元購買店舗）を活用した地域交流拠点「てれぇぐれぇ」を開設した。「てれぇぐれぇ」とは石見弁で「良い加減な」という意味があり、気軽に立ち寄り、何も考えず、ゆっくりと過ごしてほしいという思いが込められている。

　「てれぇぐれぇ」は、調理師免許を持たなくても誰もが飲食店を開ける厨房付きレンタルサロン（チャレンジカフェ）になっており、定期的に地区住民によるモーニング喫茶を実施するなど、様々な場面で利用されている。また、地区外の利用者も使用することが可能であり、定期的にイベントが開催されるなど、地区内外での関係人口が増加している。最近では真砂小学校児童が授業の一環で商社の豆乳を使った豆乳プリンを作りカフェ体験をしたり、小学校を卒業した子ども達が、地域住民に対して真砂の食材を使用したランチメニューを振る舞う企画を自ら実施するなど、これまでの食育活動が実を結んでおり、地区内の新たな交流を生み出している。

　そして近年では、高齢化に伴う農作業の負担を懸念した住民の有志が集まり、生活支援団体ビーバーズを結成し、農地の草刈りや農作業支援を1時間1,200円で担っている。こうした生活支援サービスも共通して、地域のニーズを汲み取った上で地域自治組織、そして住民同士が連携・協働して取り組んだものである。

8．2つのシステムの次元から捉える「社会福祉法人の公益的活動によるソーシャル・イノベーション」

（1）地域社会の「システム／生活世界」から捉える「社会福祉法人の公益的活動によるソーシャル・イノベーション」

　まずは、社会福祉法人の公益的活動における「事業ドメイン」の定義から、本事例（社会福祉法人暁ほほえみ福祉会における公益的活動）を検討したい。図表8に従えば、真砂保育園における「里山保育」の取り組みは、保育事業そのものであり既存ドメインに該当する。さらに、真砂地区が「地域全部が園庭、地域住民みんなが保育者」をスローガンとして掲げているように、お散歩を通して住民が子どもを見守る体制を意識していることから、位置づけとしては図表8 "C" となると考える。また、真砂地区の場合、子どものお散歩が、地域で暮らす高齢者を見守る機能も果たしている点が非常にユニークである。つまり、子ども自身が真砂地区にとっては重要な地域資源となっており、里山保育はそのポテンシャルを最大限に発揮させていると言えよう。

　次に、「給食食材提供」や「買い物バス」については、住民の暮らしや生活を支えているという意味で事業ドメインでも拡大・拡張に該当する。さらに、「給食食材提供」については、社会福祉を超えた農業との連携・協働であると考えれば、位置づけとしては図表8 "I" に該当するといえる。そして、「買い物バス」は、住民に対しての消費行動への支援といえるが、地域自治組織と連携・協働しつつデイサービスで使用する送迎バスの利活用を法人の地域貢献事業として展開していると考えれば、図表8 "I" に位置づくことになるだろう。なお、「在宅高齢者への食事支援（お弁当の配食サービス）」は、ひぐらし苑による単独事業として捉えれば図表8 "G"、地域自治組織と連携・協働して実施している「認知症予防カフェ」は、認知症という要援護者支援と考えれば図表

8 "F" と位置づけることができよう。

　こうした社会福祉法人の公益的活動において、特に「給食食材提供」と「買い物バス」は、まさしく「市場の論理」(市場経済的価値)と「生活の論理」(社会的価値)、「システム」と「生活世界」を繋ぎ、地域との連携・協働による課題解決を通じてソーシャル・イノベーションを創出していると言える。そして、真砂保育園における「里山保育」は既存ドメインに該当する社会福祉事業であるが、一方で地域との連携・協働によって、子どものお散歩が高齢者を見守る機能を果たしていた。そういう意味で「里山保育」は、行政システムとして提供されるはずの既存の保育サービスに新たな価値転換、すなわち新しい社会的価値をもたらしたのではないかと考える (図表10)。

（2）個人・組織の関係性による【システム】から捉える「社会福祉法人の公益的活動によるソーシャル・イノベーション」

　真砂地区の事例は、まさしくソーシャル・イノベーションにおける「差異の結びつけ」理論を実践として展開しているものであると理解できる。公民館・地域商社・小中学校による「協働のトライアングル」から始まった食育活動だが、領域を超えた関係性を意識しなければ、お互いに交わらなかった可能性もある。また、異なる組織や活動を結びつけるためには、共通したコンセプトやツールが必要である。真砂地区で言えば、「協働のトライアングル」というコンセプトや、食育活動という具体的に協業できるツールを開発した意義は大きい。その前提として、異なる組織や活動の強み、特徴を活かし合う視点が重要であると言える。

　その後、食育活動による地域づくりは、保育園への給食食材提供や里山保育など、新たな活動が創発されるという波及効果を生み出した。そして、社会福祉法人も加わったことで、「協働のトライアングル構造」から、生産農家も含めて多様な実践主体が関わり合う「ソーシャル・イ

図表10　社会福祉法人暁ほほえみ福祉会における公益的活動の展開

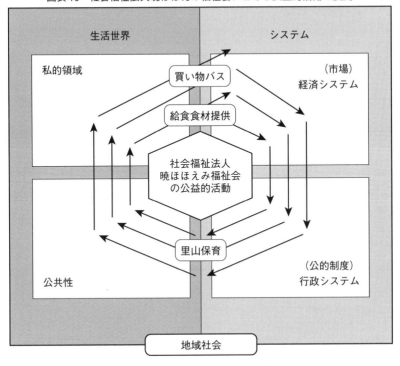

※　→は，ソーシャルイノベーションの展開をイメージ

ノベーション・クラスター構造」に変化したと捉えることができる（図表11）。こうした真砂地区における創発的な地域づくりの展開が「ソーシャル・イノベーション・クラスター構造」に変化したのは、社会福祉法人による公益的活動が大きな役割を果たしたことは言うまでも無い。何より、社会福祉法人が地域にとって有効な地域資源として機能したことが、地域における多様な実践主体、個人、組織を結びつけていったのである。

　さらに、「てれぇぐれぇ」の取り組みは地域外からのオープンアクセス化を実現して関係人口を増加させており、今後は予測もしなかったような協働の展開も期待される。

図表11 「協働によるトライアングル構造」から「ソーシャル・イノベーション・ク
　　　　ラスター構造」へ

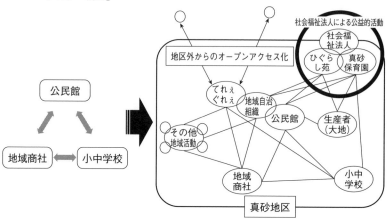

9．おわりに

　本稿では、社会福祉法人の公益的活動によるソーシャル・イノベー
ション創出の展開可能性について考察を試みた。最終的には、ソーシャ
ル・イノベーション・クラスター構造について事例検討を踏まえて可視
化したわけだが、こうしたソーシャル・イノベーション・クラスターは、
近年では「コレクティブ・インパクト（集合的な社会変化）」（井上
2018：4）として表現されることも増えてきた。

　コレクティブ・インパクトとは、スタンフォード大学が発行する
『Stanford Social Innovation Review』において、2011年にジョン・カ
ニア（John Kania）とマーク・クレイマー（Mark Kramer）によって
提唱された概念であり、「異なるセクターが集まった重要なプレーヤー
たちのグループが、特定の社会課題の解決のため、共通のアジェンダに
対して行うコミットメント」（井上2018：5）と定義されている。井上
英之によれば、コレクティブ・インパクトのアプローチには、「①その
課題に取り組むために関わりうるあらゆるプレーヤーが参画しているこ

と、②成果の測定手法をプレーヤー間で共有していること、③それぞれの活動が互いに補強し合うようになっていること、④プレーヤー同士が恒常的にコミュニケーションしていること、⑤そしてこれら全てに目を配る専任のスタッフがいること」（井上 2019：17-18）において特徴があるという。このコレクティ・インパクトの定義や特徴に従えば、社会福祉法人が共通のアジェンダを地域の中で設定して、成果の測定方法や様々な地域のアクターにも目を配りながら、地域をマネジメントする役割を担うことも不可能ではない。そういう意味で、このコレクティブ・インパクトという概念については、社会福祉法人のさらなる可能性を考える上でも重要な示唆を得ることが出来そうだが、一方で、その成果指標も含めて、さらなる精査を必要としており、検討する課題も多い。この点については、別の機会に議論したい。

参考文献

Christensen, C. M.（1997）*Yhe Innovator's Dilemma : When New Technologies Cause Great Firms to Fall*, Harvard Business School Press（＝2001 玉田俊平太監修、伊豆原弓訳『イノベーションのジレンマ—技術革新が巨大企業を滅ぼすとき』翔泳社）

David, P. S.（2015）*System Thinking for Social Change*, Eiji Press（＝2018 小田理一郎監訳、中小路佳代子訳『社会変革のためのシステム思考実践ガイド　共に解決策を見出し、コレクティブ・インパクトを創造する』英知出版）

Drucker, P.（1985）*Innovation and entrepreneurship : practice and principles*（＝2007 上田惇生訳『イノベーションと起業家精神』ダイアモンド社）

Habermas, J.（1981）*Theorie des kommunikativen Handelns, Band 1 : Handlungsrationalität und gesellschaftliche Rationalisierung ; Band 2 : Zur Kritik der funktionalistischen Vernunft* Suhrkamp, Frankfurt am Main（＝1985, 1986, 1987 河上倫逸他訳『コミュニケイション的行為の理

論　上、中、下』未来社）

Kania, J. and Kramer, M.（2011）"*Collective Impact*" *Stanford Social Innovation Review*, Winter, 36-41.

Laville, J.-L（2007）*L'économie Solidaire : Une perspective internationale*（= 2012「連帯経済の問うもの」ジャン＝ルイ・ラヴェル編、北島健一・鈴木岳・中野佳裕訳『連帯経済―その国際的射程』生活書院, 309-343.）

Poter, M. E.（1990）*The competitive advantage of nations*, Free Press,（= 1992 土岐坤他訳『国の競争優位上、下』ダイアモンド社）

Poter, M. E.（1998）*On competition*, Harvard Business School Publishing（= 1999 竹内弘高訳『競争戦略論Ⅰ、Ⅱ』ダイアモンド社）

Murray, R., Calulier-Grice, J. and Mulgan, G.（2010）*The Open Book of Social Innovation*. The Young Foundation.

Polányi, K.（2001 [1944]）*The Great Transformation : The Political and Economic Origins of Our Time*, Beacon Press.（= 2009 野口建彦・栖原学訳『[新訳] 大転換』東洋経済新報社）

Schumpeter, J. A.（1926）*Theorie Dre Wirtsftlichen Entwickung* Duncker & Humblot（= 1980 塩野谷祐一・中山伊知郎・東畑精一訳『経済発展の理論（改訳版）』岩波書店）

青島矢一（2017）「イノベーション・マネジメントとは」一橋大学イノベーション研究センター編『イノベーション・マネジメント入門（第 2 版）』日本経済出版社, 1-20.

井上英之（2018）「日本語版まえがき」デイヴィッド・ピーター・ストロー著、小田理一郎監訳、中小路佳代子訳『社会変革のためのシステム思考実践ガイド　共に解決策を見出し、コレクティブ・インパクトを創造する』英知出版, 3-14.

井上英之（2019）「コレクティブ・インパクト実践論」『ハーバードビジネスレビュー』2019 年 2 月号, 14-28.

イノベーションデザイン編集会議（2018）『イノベーションデザイン―博報堂流、未来の事業のつくり方』日経 BP 社.

大室悦賀（2018）「社会的企業とソーシャル・イノベーション」『京都マネジ

メント・レビュー』32，133-137.

加藤恵正（2002）「都市とガバナンスとコミュニティ・ビジネス—パートナーシップによる『地域イノベーション』の可能性-」『都市政策』108，12-27.

瓦井昇（2011）『地域福祉方法論　計画・組織化・評価のコミュニティワークの実践』大学教育出版.

柴田学（2011）「日本における社会起業理論を再考する　地域福祉への新たな視座を求めて」『Human Welfare』3（1），91-105.

柴田学（2016）「コミュニティ・ビジネスが織りなす職域社会と地域社会のゆるやかな結合」牧里毎治・川島ゆり子編著『持続可能な地域福祉のデザイン—循環型地域社会の創造—』ミネルヴァ書房，241-278.

柴田学（2017）「中山間地域における連帯経済を基盤とした地域振興の意義と課題—コミュニティワークの視点から」『国際公共経済研究』（28），62-70.

柴田学（2020a）「地域福祉領域におけるソーシャル・イノベーションの再検討」『金城学院論集社会科学編』16（2），96-111.

柴田学（2020b）「労働統合を目的とした社会的連帯経済の地域展開に関する一考察〜2つの就労継続支援事業 A 型調査報告を踏まえて〜」『金城学院大学論集（社会科学編）』17（1），65-81.

柴田学（2020c）「中山間地域での連帯経済の実践における地域資源の活用〜コミュニティワーク視点との比較検討を通じて〜」『国際公共経済研究』（31），66-75.

柴田学（2020d）「島根県益田市真砂地区—"差異の結びつけ"から生まれる創発的な地域づくり（協働でつくる新たな地域第3回）」『月刊福祉 2020年7月号』全国社会福祉協議会，84-87.

白川展之（2014）「イノベーションの考え方と政策展開」玉村雅敏編著『社会イノベーションの科学』勁草書房，3-19.

杉山武志（2020）『次世代につなぐコミュニテイ論の精神と地理学』学術研究出版.

谷本寛治・大室悦賀・太平修司・土肥将敦・古村公久（2013）『ソーシャル・

　イノベーションの創出と普及』NTT 出版.

玉田俊平太（2015）『日本のイノベーションのジレンマ』翔泳社.

廣田裕之（2016）『社会的連帯経済入門』集広舎.

牧里毎治（2010）「地域福祉とは何か」『NHK 社会福祉セミナー 2010 年 8 月
　　　～ 11 月号』日本放送協会, 16-21.

牧里毎治監修、川村暁雄・川本健太郎・柴田学・武田丈編著（2015）『これか
　　　らの社会的企業に求められるものは何か - カリスマからパートナーシッ
　　　プへ』ミネルヴァ書房.

宮城孝（2017）「地域福祉のイノベーションの視座と方向性」宮城　孝・神山
　　　裕美・菱沼幹男・ほか編『地域福祉のイノベーション』中央法規, 2-23.

村田文世（2014）「社会福祉法人：社会福祉法人改革の可能性」岩崎晋也・岩
　　　間伸之・原田正樹編『社会福祉研究のフロンティア』有斐閣, 200-203.

村田文世（2018）「地方分権下の地域社会における社会福祉法人制度改革の意
　　　義―公益的活動の法制化に着目して―」『社会政策』10（1）, 136-147.

山本隆編著（2014）『社会的企業論―もうひとつの経済』法律文化社.

吉岡徹（2019）「イノベーション・プロセス」金間大介・山内勇・吉岡徹『イ
　　　ノベーション＆マーケティングの経済学』中央経済社, 1-12.

過疎地域再生において社会福祉法人が目指す地域貢献
～ CSV 経営により地域循環型経済に寄与する資源開発の検討～

金城学院大学　橋川　健祐

はじめに

　過疎の問題は、現在、過疎問題に悩まされる地域だけの問題ではない。2010 年以降、日本全体が人口減少局面に突入し、ここ数年、毎年のように出生者数とあわせて総人口も減り続けている。

　松永圭子が、「『過疎化』は『都市化』と対比的な概念として捉えられ、高度経済成長以降、二〇世紀後半まで、成長の裏側の現象のひとつであった」（松永 2013：13）と述べているように、少し前までは、都市の人口増と過疎地域の人口減少はコインの裏表の関係にあった。しかし、大まかに言えば、人口減少時代は、もはや過疎が過疎地域や地方だけの問題ではなく、都市における問題でもあることを意味する。課題先進地とも言われた過疎地域で、いかにして住み続ける権利を保障していけるかは、中長期的には都市部、そして日本全体に降りかかる課題なのである。

　そのような中、本来であれば東京オリンピックが開催され、日本全体が熱狂のうずに巻き込まれるはずであった 2020 年は、世界的に大流行した新型コロナウイルス感染症（COVID-19）によって消沈した 1 年となった。とりわけ 4 月～ 5 月にかけて政府より外出自粛要請とともに在宅ワークが要請され、大手企業を中心に実際にその導入が図られた。中には、会社の近くに住む必要がないと、家賃や物価の安い地方へ移住を志向する人が増えたという報道も見聞きする。

　しかしながら、ここで留意しておくべきことは、これらは基本的にい

わゆる大手企業における話であったり、往々にして、自身で起業等をすることで収入を得る術を持っている人に限られた話であったりするが、一方では障害者や高齢者をはじめ、自由に仕事や居住地を選び生活することが比較的困難な人たちが一定数いるのではないかということである。

　さて、本書のタイトルは「社会福祉法人はどこに向かうのか」である。当然ながら、住み続けたい地域に住み続けることを保障することは、第一義的には行政がその責任を負うべきであろう。また、福祉サービスをはじめとする供給主体が多元化し、世界的にその目標達成に向かっているSDGsの推進下、このような課題にどう向き合うかについて、企業の社会的責任として議論されてもおかしくない。このような社会状況下で進められた今般の社会福祉法人制度改革において、その本旨は「他の経営主体では対応が困難な福祉ニーズに対応していくことが求められる」ということが再確認された。福祉ニーズの根幹に住み慣れた地域で、また住みたいと思う地域で住み続けたいという基本的な要求があるとするならば、過疎地域再生の課題は、社会福祉法人が正面から向き合わないといけない課題の一つであると考える。

　以上の視点と問題意識をもとに、すでに過疎地域における社会福祉法人経営の目指すべき方向性とそのための方法論を試論的に検討したい。

　なお、本稿は、橋川健祐（2019）「過疎地域再生における社会福祉法人の地域貢献の可能性について：CSVの観点から考える」をもとに大幅に加筆、修正を加えたものである。

1．過疎地域再生と住み続ける権利

（1）住み続ける権利とは

　社会福祉における権利について、秋元美世は、社会権的権利と自由権的権利の観点から次のように述べている。

　これまで社会福祉が主要な対象としてきたのは、いうまでもなく福祉や社会保障の給付を保障するための社会権の問題であった。（…略…）。しかしながら、近年の議論においては、そのことの重要性は前提としつつも、福祉の権利として問われるべきはそれだけなのかという課題関心が強まってきている。すなわち社会権が、人間の福祉（豊かな生）のための権利であるとするならば、その権利を評価するに際して、必要の充足という結果だけではなく、充足の仕方に関する本人の選択あるいは自己決定の問題も含めて考える必要があるのではないかということが、人権保障において問われるようになってきたのである（秋元 2014：23）。

　ここで言う権利は、あくまで社会福祉の範囲で問われているものであるが、それでも、人権保障の観点から社会権的権利だけではなく自由権的権利の課題を提起していることは、本稿における論点にも通じる。
　社会福祉に関する権利を包含する、より広義の概念として井上英夫の「住み続ける権利」という考え方がある。井上によると、生まれ育った家、故郷・地域に住み続けたい、また自ら選択し、住むことを決めた地に自ら選びあるいは建てた家（あるいは施設）に住みたいという願いは、いずれも本源的かつ根底的な願望であって、その気持ちの前提には「人間の尊厳に由来する原理」があり、これらの願いは「人間としての基本的なニーズ（Basic Human Needs）にほかならず、それゆえに基本的人権（Basic Human Rights）として承認されるべき」と述べている（井上 2012：132）。これらを図示したのが、図表1である。
　なお、井上は、同権利について憲法上の明文規定があるわけではないが、少なくとも 22 条第 1 項の「居住・移転の自由」を保障することになるとし、「労働や所得、医療機関や福祉施設あるいは交通手段の保障、すなわち健康権や社会保障・社会福祉の権利、交通権といった権利が保

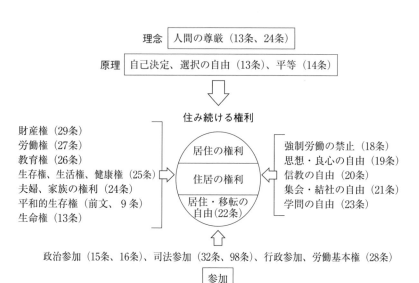

図表1　憲法の人権保障と住み続ける権利

出典：井上英夫（2012）『住み続ける権利─貧困、震災を超えて』新日本出版社 p137
より

障されることによって初めて、『移動しない自由』も実現されることに
なる」と述べている（井上 2012：143）。冒頭で述べたように、障害者
や高齢者をはじめ、自由に仕事や居住地を選び生活をすることが比較的
困難な人たちは、自分が住みたいところに住むということはもちろん、
社会資源やインフラの撤退が進めば、住み慣れた地域で住み続けること
すら脅かされる事態に陥ってしまう。過疎地域は、まさにこの住み続け
る権利を脅かされているか、すでに侵害されている状況にあると言える
であろう。

（2）過疎地域再生とは

過疎地域がどういう地域かということについて、過疎地域自立促進特

別措置法（以下、「過疎法」）の第１条では、「人口の著しい減少に伴って地域社会における活力が低下し、生産機能及び生活環境の整備等が他の地域に比較して低位にある地域」と定義される。しかし、この定義は、過疎の要因に言及しておらず、過疎現象を所与のものとしたものとなっている。この点、橋川は、過疎問題の本質は、「人口減少を引き起こす要因となった戦後のエネルギー革命と産業政策、労働政策による高度経済成長であり、それらを推し進めてきた、また推し進めている政治、経済政策にある」とした（橋川 2018：63-64）。

　また、「再生」という用語についても、橋川は、「活性」や「振興」、「創生」ないし「創成」などの類似の表現が多用される中で、「再生には、死にかかったものが生きかえること、蘇生、復活、生まれかわる、失われた生物体の一部が再び作られる」という意味があり、「死にかかったといった表現を地域に用いるのはやや後ろめたさもある」としながら、「経済成長とそれらを推し進めてきた産業政策、雇用政策が過疎を引き起こす要因になったのであり、このような一連の政府・行政の施策が過疎地域に住み続ける権利を侵害、ないし剥奪してきたのであって、これらの権利を取り戻す、権利を回復するという意味合いで『再生』という言葉を用いる」とした（橋川 2018：62）。以降、この橋川の論考に依拠しながら過疎地域再生を論じていく。

２．なぜ過疎地域再生に社会福祉法人なのか

（１）社会福祉法人が持つ特有の非営利性と存在意義

　社会福祉法人は、民間の非営利組織の一つとされていることは言うまでもないが、非営利組織の中でも特有の非営利性を有する。しかし、それゆえに、戦後来、その存在意義を問われ続けてきた経過もある。

　真田是によると、社会福祉事業体は、「営利事業や資本―賃労働関係

への批判・対抗としての領域ではなく、資本主義社会を補完する領域として当初は登場した」のであり、「社会福祉の場合、非営利とは、営利と異質という意味であって、営利に対抗する非営利ではなかった」とし、「社会福祉事業体は非営利・協同ではあっても、概念として、もしくは領域として『非営利・協同組織』に入るものではない」と述べている（真田2008：40）。真田のいう社会福祉事業体は社会福祉法人とほぼ同義と捉えることができるが、社会福祉法人を、その誕生と歴史的な経過から他の非営利組織と区別している。とはいえ、「社会福祉事業体は、概念としては『非営利・協同組織』を内容とするものではなかった」が、「社会福祉は社会問題としての生活問題に巻き込まれたひとびとの生存権・人権を保障するものである」から、「営利に対抗的なオールタナティブをめざさざるをえなくなる」とする。一方で、社会福祉事業体のそのような非営利性を認めつつも、対抗軸として「公的セクターの批判だけでは、国家責任・公的責任の在り方も一緒に曖昧にされてしまうことになり、市場万能の新自由主義の『相乗り』を許すことにもなる」とも述べている（真田2008：42-43）。

　真田の論考を借りながら整理すると、社会福祉法人は、資本主義社会の補完という役割にとどまらず、他方で営利、つまり市場に対抗的なオールタナティブを目指しながらも、生存権や人権の保障を国家責任・公的責任としてともに求めていく法人であるということができよう。言い換えるとすれば、公と市場という本来であれば交わりにくい二つの領域を志向しながら、それら二つの領域双方へ補完・代替的役割と対抗軸という相反するベクトルを内包しているところに社会福祉法人が持つ他の民間非営利の実践主体にない独自性と存在意義があると言えるであろう。

　そして、このような特有の非営利性を持つからこそ、その存在意義が常に問われてきた。つまり、非課税優遇措置があるからこそ、それにより発生する収益を地域に還元するとともに、他の事業主体では対応困難

な福祉ニーズに対応していくことが求められてきたのだ。

　村田文世は、岩田正美（2009）の論考に依拠しながら、組織の活動領域や存在領域を示す「事業ドメイン」の概念を用いて社会福祉法人の存在意義を示そうと試みている。村田によると、市場化における今日の社会福祉は3つの事業領域から構成されるとする。まず第1は、一般的なニーズに対し介護保険事業などの法定事業の実施を通して福祉サービスが提供される領域である。第2は、営利企業によるクリームスキミング（いいとこどり）の危険性にさらされ、一般市民向けサービスから排除され、サービス受給にアクセスできないリスクを抱えた人々を対象にした領域とされる。例示としては、東社協社会福祉法人協議会調査研究委員会の調査[1]を引用し、複雑な家庭環境の人に対する介護提供や、地方・過疎地などのまとまったサービス需要がないところに住んでいる人などを挙げている。理論上はここに民間非営利組織の提供組織が事業ドメインを形成することになるとしている。そのうえで第3の領域は、「地域に潜在化するニーズ」への対応、つまり生活困難や引きこもり、虐待、孤独死、多重債務など、「制度の谷間で放置されたまま社会的排除にある人々を対象に、再び市民社会に包摂するための支援」として行われる「公益性の高い法定外の事業や地域貢献活動」などとしている。そして、第3の領域がとりわけ重要になるとのことである（村田 2015：51-53）[2]。

（2）過疎地域の課題と社会福祉法人の社会的責任

　過疎地域が抱える課題は、先の村田が第2の事業ドメインで指摘したように本来であればあまねく提供されるべきサービスが、過疎地域といういわゆる営利組織も参入せず、行政サービスですら提供困難になりつ

1　東社協社会福祉法人協議会調査研究委員会編（2005）『社会福祉法人の重要性とその役割』社会福祉法人東京都社会福祉協議会 p.3~4より。
2　それ以前にも村田（2011）、村田（2014）で検討がなされている。

つあって条件不利と言われる地域に居住する住民に対して十分に提供されずに「住み続ける権利」を脅かされているか、すでに侵害されている事態に陥っていることにある。

　ここに社会福祉法人が過疎地域において果たすべき役割があるとするならば、真田のいう二つの相反するベクトル、つまり市場が参入しない状況下で福祉サービスを提供し続けながら、一方で本来行政が担うべきセーフティネットを代替しつつも公的責任による権利の回復を求めていくところにあるのではないだろうか。

　当然ながら、このような志向を持って実践する事業体は社会福祉法人に限られるものではない。また、第一義的には政府、行政がその責任を果たすべきであることは言うまでもない。しかし、少なくとも、法制度の趣旨からすれば、社会福祉法人にも、条件不利地域と言われる過疎地域であっても、事業を展開し、最後までそこに住み続ける権利を保障ないし回復していくことが、社会的な責任として当然に求められていると言えるであろう。

　この点、「社会福祉法人の在り方に関する検討会」報告書（以下、在り方検討会報告書）においても、「過疎地等他の経営主体の参入が見込まれない地域でサービスを提供したりするなど、他の経営主体で担うことが必ずしも期待できない福祉サービスを積極的に実施・開発していく必要がある」とされ、社会的な期待も寄せられている。（社会福祉法人の在り方等に関する検討会 2014：17）

　とはいえ、現実を直視すれば、税制優遇を受けている社会福祉法人と言えども、とりわけ 2000 年以降、準市場化された既存の制度サービスを、新自由主義が横行する資本主義経済の中で、とりわけ経営条件的にも厳しいと言われる過疎地域においてやりくりしていくのは容易なことではない。

　そこで次章では、この間の社会福祉法人制度改革の中でも主題の一つ

であった社会福祉法人に求められる地域貢献に焦点をあて、過疎地域における社会福祉法人の持続可能な経営の糸口を探っていきたい。

3．社会福祉法人に求められる地域貢献

（1）社会福祉法人制度改革における地域公益的取組

社会福祉法人制度改革の主たる柱の一つが、「地域における公益的な取組（以下、地域公益的取組）の義務づけ」であった。

「地域公益取組」とは、社会福祉法第24条第2項において、「社会福祉事業及び第26条第1項に規定する公益事業を行うに当たっては、日常生活又は社会生活上の支援を必要とする者に対して、無料又は低額な料金で、福祉サービスを積極的に提供するよう努めなければならない」として、2016年改正時に責務として位置づけられ、用語そのものも今回の法改正で初めて法律上に登場したものである。

「社会福祉法人による『地域における公益的な取組』の推進について」（平成30年1月23日付け社援基発0123第1号　厚生労働省社会・援護局福祉基盤課長通知）をもとに地域公益的取組について要約すると以下のように解釈されている。[3]

まず、地域公益的取組を責務として定めた趣旨は、「法人として税制上の優遇措置を受けている」こと、「社会福祉事業等の事業費として支払われる介護報酬や措置費、委託費等については、税や保険料等の公費によって賄われている」ことから、これら公益的性格に鑑み、事業の利用者にとどまらず、「既存の社会保障制度や社会福祉制度では対応が困難な地域ニーズを積極的に把握し、地域の関係機関との連携や役割分担

3　この以前に「社会福祉法人の『地域における公益的な取組』について」（平成28年6月1日付け社援基発0601第1号　厚生労働省社会・援護局福祉基盤課長通知）において地域公益的取組に関する解釈が示されていたが、同通知により廃止され、地域公益的取組に関する解釈はより柔軟なものに改められた。

を図りながら、新たな地域ニーズに対して積極的に対応していくことが求められている」とし、「当該取組の実施を通じて、地域に対し、法人が自らその存在価値を明らかにしていくことが重要である」とされている。

　次に、その内容についてであるが、先にも触れた社会福祉法第24条第2項に規定するとおり、3つの要件の全てを満たすことが必要であるとされる。つまり、①社会福祉事業又は公益事業を行うに当たって提供される福祉サービスであること、②対象者が日常生活又は社会生活上の支援を必要とする者であること、③無料又は低額な料金で提供されることである。①は、地域公益的取組が、あくまで社会福祉を目的とするものであることを指している。「ただし、行事の開催や環境美化活動、防犯活動など、取組内容が直接的に社会福祉に関連しない場合であっても、地域住民の参加や協働の場を創出することを通じて、地域住民相互のつながりの強化を図るなど、間接的に社会福祉の向上に資する取組であって、当該取組の効果が法人内部に留まらず地域にも及ぶものである限り、この要件に該当」し、必ずしも定款に基づく事業だけに限らず、「福祉サービスの充実を図るための環境整備に資する取組も含まれるものである」とされている。②は、「原則として、利用者以外の者であって、地域において、心身の状況や家庭環境、経済状況等により支援を必要とするもの」を指し、「現在、支援を必要としない者であっても、将来的に支援を必要とする状態となった場合に適切に支援につながることができるような環境や状態を構築するという視点」、つまり「予防的な支援を行う取組も含まれる」とされている。③については、原則として「取組の対象者から、通常要する費用を下回る料金を徴収し、又は料金を徴収せずに実施することを指す」ものであって、「国又は地方公共団体か

4　この点が、先の通知に比べて解釈が改められた点の一つである。以前は、環境美化活動、防犯活動などは地域公益的取組には当たらないとされていた。

ら全額の公費負担がある場合には、この要件に該当しないが、このような場合であっても、法人による資産等を活用した追加のサービスが行われていれば、この要件に該当する」とされている。

（2）地域公益的取組と地域貢献に関する議論からみえる課題

　そもそも、地域公益的取組が法制化される以前は、「地域貢献」という言葉がほぼ類似の表現として用いられてきた。また、社会福祉法人が地域に貢献することに対する社会からの期待は、一連の法改正の議論の前からあった。

　呉世雄は、施設の地域化の概念と構成要素などから独自に質問項目を設定し、全国の介護老人福祉施設の施設長に対して実施した調査において因子分析を行い、地域貢献活動を「地域住民のニーズへの対応」と「地域福祉活動の実施・支援」の二つの要因に分けた。詳細には、前者は地域住民のサービス利用の支援、アウトリーチ活動、制度の狭間にあるニーズの解決などの項目によって構成され、後者は、地域住民への施設開放、職員による地域との交流、福祉教育の実施、経営収益の地域還元などの項目によって構成されるとし、「施設の地域化」[5]をなす項目に加え、「経営利益の地域化」という概念をも含む要因であるとする（呉 2013）。

　関川芳孝も兵庫県老人福祉事業協会との共同による調査研究から、「一般的な地域貢献として①会議室などの施設の開放、②介護予防の講座などに職員を講師として派遣、③福祉避難所に関する協定をむすぶ、④祭りなどをつうじた地域交流など、がされていた」としており（関川 2014：32、関川 2017a：107）、現場実践者ないしそれらを調査する研究者が地域貢献をどう捉えているかは、共通の認識が持たれていると言えるであろう。

5　ここでは、大橋による「施設の地域化」の概念が引用されている（大橋 1978）。

つまり、やや強引かもしれないが、前節で触れた法改正とその後の厚労省通知によって整理された社会福祉法人の本旨に基づく地域公益的取組は、先行研究で言われてきたことをうまく包含しながら検討、整理され、制度化されてきたものであると言うことができる。これは、研究としては一つの成果である一方、研究と政策は一定の緊張関係と距離感が必要であるとするならば、既存の先行研究からさらなる批判的検討が求められることになる。

　そもそも、前章までに触れてきたように、過疎地域は地域の存続自体が厳しい状況に追い込まれ、それによりそこに住み続ける権利を侵害されていたり、すでに奪われていたり、あるいは今後そのような境遇に陥るであろう地域も少なくないのではないか。であるならば、少なくとも過疎地域において求められる地域貢献像は、住み続ける権利の回復に寄与するものでなければならないし、さらに言えば地域の存続に寄与するものでなければならないのではないだろうか。換言すれば、先行研究や法制度改革における地域貢献像は、あくまで残余的なもの、ないしは都市型モデルであって、過疎地域再生の一翼を担う地域貢献モデルが求められているのである。

（3）企業の社会貢献活動における CSV 概念

　さて、地域貢献については、企業の取組みに学ぶことが多い。企業では、その数に比して大企業による市場の失敗の反省という歴史が背景にあることや、地域という範域を越えて市場活動を行う企業が多いことなどから、地域貢献というより社会貢献という表現がなされるのが一般的である。

　企業社会において、2000 年代に入って注目されるようになった概念に CSR（Corporate Social Responsibility：企業の社会的責任）という考え方がある。法令の遵守や環境保護、人権の尊重など幅広い概念を持

つものであるが、日本においては、とりわけその一環としていかに社会貢献活動に取り組むかに注力されてきた。しかし、近年ではさらにCSV（Creating Shared Value）という考えが注目されつつある。「共通価値の創造」と訳されるこの考え方は、ハーバード大学のマイケル・ポーターが2011年の論文において提唱したもので、「経済的価値を創造しながら、社会的ニーズに対応することで社会的価値も創造するというアプローチ」のことであるとされる（ポーター・クラマー＝2011：8）。そして、「ほとんどの企業はいまなおCSRという考え方にとらわれている。つまり企業にとって、社会問題は中心課題ではなく、その他の課題」なのであって、共通価値は「企業活動の周辺ではなく、中心に位置づけられる」ものであり、「企業本来の目的は、単なる利益ではなく、共通価値の創出であると再定義すべき」と述べている（ポーター・クラマー＝2011：10-11）。

　そして、共通価値を創造する方法として、①製品と市場を見直す、②バリューチェーン[6]の生産性を再定義する、③企業が拠点を置く地域を支援する産業クラスター[7]をつくる、の3つの方法があるとする。一つ目は、社会課題の解決に結びつくような新しい商品やサービスを産み出すことである。例えば、健康に良い食品や環境にやさしい製品などである。二つ目は、バリューチェーンを見直すこと、具体的には、「エネルギーの利用とロジスティックス」、「資源の有効活用」、「調達」、「流通」、「従業

6　マイケル・ポーター（1985）において初めて使用されたもので、「価値連鎖」と邦訳される。製品やサービスの企画、生産、販売、配送、アフターサービスに関する一連の活動のこと、またそれらの活動ごとにどの部分で価値が生み出されているかを分析する手法。
7　「新事業が次々と生み出されるような事業環境を整備することにより、競争優位を持つ産業が核となって広域的な産業集積が進む状態」（経済産業省 HP http://www.meti.go.jp/policy/local_economy/tiikiinnovation/industrial_cluster.html、2018.11.14）、または「企業、大学等が産学官連携、産産・異業種連携の広域的なネットワークを形成し、知的資源等の相互活用によって、地域を中心として新産業・新事業を創出される状態」（経済産業省 2009：2）。

員の生産性」、「ロケーション[8]」等を挙げている。三つ目は、企業に限らず、学術組織や業界団体などとともにクラスターを形成することで、そのためにはオープンで透明な市場を形成することがカギになるとする。

　なお、CSV に対しての批判的な見解もある。足立辰雄は、「ポーターにおいては CSR の７つの主題の大部分の事業活動は無意味とされ、収益性の上がる CSV にのみ事業活動の方向性を見いだそうとする。したがってポーターの CSV と CSR は本来、両立しない」としたうえで（足立2018：116）、「CSRの中でCSVを実践するなら持続可能な成長へのキーワードになるが、CSR から切り離された CSV は、利益本位で利己的な成長モデルになり、社会的な信用は得られないであろう」と、ポーターの CSV を批判的に捉え、ポーター以前に CSV 報告書を公表したネスレのモデルを評価している（足立 2018：120）。また、水村典弘は、「CSVは企業の目的に適った戦略なのだといえる」としながらも、帰結主義や非帰結主義の観点から検討を行った結果、「倫理のレンズを通してみると、CSV のコンセプトや SV 戦略の基幹部に倫理的な妥当性が欠く部分が浮かび上がってくる」と述べている（水村 2016：116）。これらの指摘に含意されていることは、市場の失敗から導かれてきたような歴史的な反省と、倫理的な側面がない CSV は、詰まるところ、短期的にも長期的にも社会にとって悪影響を及ぼしかねないということである。このような批判を十分に踏まえつつも、次節ではこの CSV 概念に依拠しながら、過疎地域再生に求められる社会福祉法人の地域貢献について検討したい。

8　従来の企業が人件費の安い地域に生産拠点を移転し、コスト削減を図ろうとしてきたが、生産拠点を自国に戻したり、地元との関係を構築したり深く根を下ろしていくような考え方。

（4）求められる社会福祉法人における地域貢献試論

　前節で触れたように、企業社会においては CSR やそれに関わる社会貢献活動などはあくまで中心ではなく周辺部の活動であり、近年では CSV という社会課題の解決を事業の中心に据える考え方が注目されている。もちろん、社会福祉における地域公益的取組ないし地域貢献活動が周辺部の活動かと言われると必ずしもそういったものばかりではなく、むしろ社会福祉法人の本旨としての社会福祉事業の延長線に位置づくものも多々見受けられることは言うまでもない。一方、在り方検討会報告書においても指摘されていたように、既に実施している社会福祉事業を疎かにして実施されることがないように留意しておかねばならない。

　その点を抑えたうえで、CSV の考えを社会福祉法人に援用するのは、法制化された地域公益的取組の議論の範囲には治らない地域貢献の概念とその可能性を探ることが、とりわけ過疎地域再生において社会福祉法人が果たすべき役割をより鮮明化するのではないか考えるからである。

　なお、CSR や CSV の観点を持ち出すのであれば、そもそも株式会社等の営利企業こそが過疎地域再生などの社会問題に真っ先に取り組むべきであるという期待や批判もあるであろう。筆者も、中長期的にはそのような検討をする必要性を感じているが、過疎問題はもはや待ったを許さない状況であり、かつ、既述したように「住み続ける権利」の侵害と回復という観点と、社会福祉法人が持つ存在意義と担うべき責任という点から、本稿では社会福祉法人にその検討の焦点を絞ることにした。

　ここで、社会的価値と経済的価値の両方を創造する CSV の考え方、とりわけ 3 つのアプローチにならい、過疎地域において社会福祉法人がどのような地域貢献を果たすことができるのか、試論的に構想してみたい。

　まず、「製品と市場を見直す」アプローチである。これは、例えば障害者の就労支援事業などに取り組む社会福祉法人などで構想しやすい。

もともと、大企業等に比べて大量生産に馴染まないし、大量生産が可能な設備を持ち合わせていない事業所が多いであろうことを考えると、むしろ中山間地や農村部等の資源を生かして健康にやさしい商品や環境に配慮した製品などは、付加価値という点でも十分に需要があるのではないかと考えられる。

　続いて「バリューチェーンの生産性を再定義する」アプローチである。これにはいくつかの検討項目があるが、例えば「資源の有効活用」や「調達」という点で言えば、農家で売れ残った野菜や果物を加工して製品化したり、民間事業者が撤退し廃業となった宿泊施設を指定管理者として受託運営し、当該レストランでも地元の農産物を使用し地産地消をウリに事業を行う事例の研究も行われている（橋川2016）。また、保育所や高齢者施設などであれば、日々の給食などを、少々高値であっても地元調達に切り替えたり、光熱費に自然エネルギーを導入することなども考えられるであろう。

　三つ目の「企業が拠点を置く地域を支援する産業クラスターをつくる」アプローチである。社会福祉分野で聞きなれた表現に言い換えれば連携や協働ということになろうが、今回の法改正においても、他法人との協働などの必要性は指摘されている。ここでは、他の社会福祉法人との協働もさることながら、異業種異法人との連携や協働がより有効ではないかと考える。というのも、逆のパターンとして法人規模の拡大によって経営を安定化させようとする法人モデルも珍しくないが、あらゆる業務を独占してしまうことは必ずしも良い効果ばかりをもたらすわけではない。むしろ、分担、分業を前提に、良い緊張関係を保ちながら連携や協働によりクラスターを構成していくほうが、相乗効果を産み出し、地域経済の活性化にも寄与するのではないかと考える。

　なお、ここで留意しておきたいのは、本章で述べてきたように、過疎地域において求められる社会福祉法人による地域貢献は、既存の事業や

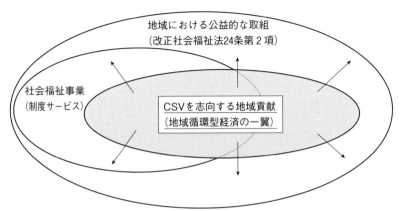

地域における公益的な取組
（改正社会福祉法24条第 2 項）

社会福祉事業
（制度サービス）

CSV を志向する地域貢献
（地域循環型経済の一翼）

図表 2　社会福祉法人による CSV を志向する地域貢献のイメージ

プログラムに新たなものを上乗せするといった類のものではないということである。この点、図式化すると図表 2 のようになる。つまり、あくまで既存の社会福祉事業、ないし法制度改革によって規定された地域公益的取組を所与のものとしながら、それらを上記 3 つのアプローチによって変革していくことを志向するものである。その具体的な方法については、次章で掘り下げたい。

4．社会福祉法人による CSV 経営を実現していくための資源開発

　関川は、「社会福祉法が求める地域における公益的取組の範囲を超えて、コミュニティワーク、地域づくりにおいても、社会福祉法人の役割が期待される」と示唆している（関川 2017b：46）。そこで、ここでも試論的にはなるが、社会福祉法人による CSV 経営を実現していくための方法論として、社会福祉法人で取り組めるコミュニティワークを、とりわけ資源開発という観点から検討してみたい。

（1）資源開発とはなにか

　橋川は、白澤政和（2007）や田中英樹（2008）を引用しながら、社会福祉学における社会資源は、福祉サービスの受益者（消費者）としての観点から捉えられる傾向にあると述べている。そのうえで、先行研究において、資源開発の必要性については触れられているものの、その具体的な方法、また開発された資源がどのようなものであるのかといったことにまで言及しているものは皆無に等しいとしている（橋川2017：237）。

　その中でも本稿において示唆を与えてくれるものに牧里毎治の論考がある。牧里は、まちづくりを行うための資源には、自然的・天然的資源、施設的・設備的資源、組織的・行動的資源、文化的・意識的資源の4つがあるとし、まちづくり活動の支援策を、これら資源のフロー化を促進する方策と、永続化や存続を推進するストック化にかかわる方策をさす、としている。また、「まちづくり資源を創りだしていく際、特に強調しておきたいのは、その価値付与プロセスにかならず住民の参加を得て進めることである」とあるように、資源は放置されれば単なる資源のままであってなんらかの価値付与プロセスが必要であるとし、そのプロセスに住民参加を条件づけている（牧里1994：382）。

　また牧里は、「社会福祉学における社会資源の扱われ方は、ケアマネジメントなどにみられるように要介護者や要援護者への生活資源やサービス資源をどのように調達し活用、調整するかという需給調整論になりやすく、生活資源やサービス資源をどのように開発するかという原点は後景に退きやすい」と、資源の開発の必要性について述べている（牧里2009：74）。中でも特徴的な視点として、「個人のニーズを満たすものをサービス資源、あるいは直接的な第一次資源とすると、これらのサービス資源を提供できるよう組織的に運営するためのものは、運営管理資源、あるいは間接的な第二次資源とでも言うべきものである。実は、

コミュニティワークにかかわる社会資源は、おおむね第二次資源に属する
ものを主として開発しながらサービス資源開発をすることになる」とし（牧里2009：67）、先の引用と重ねて考えると、社会福祉学においては第一次資源ありきの需給調整論になりがちであること、つまり第一資源がないとそもそもソーシャルワークが成り立たないことを問題意識として、コミュニティワークにおける資源開発の視点に着目している。加えて、既存資源の有効利用を上手に見つけだすこと、さまざまな公私の資源を「社会資産」に転換していくことが重要であるとする（牧里2009：73）。

（2）過疎地域における資源とはなにか

　社会福祉における社会資源とは異なり、過疎問題を検討するうえで、資源は地域資源という言葉で表現されることが多い。

　たとえば農林漁業の振興等を図ることを目指して2010年に策定された「地域資源を活用した農林漁業者等による新事業の創出等及び地域の農林水産物の利用促進に関する法律」（以下、六次産業化・地産地消法）においては、「農林水産物等及び農山漁村に存在する土地、水その他の資源」を地域資源として定義している。また、同法の前文には「農山漁村に豊富に存在する土地、水その他の資源の有効な活用、地域における食品循環資源の再生利用、農林水産物の生産地と消費地との距離の縮減等を通じ、環境への負荷の低減に寄与することが大いに期待されるものである」と記されている。また、高野和良は「空間としての農村が多面的な機能をもつというよりも、そこで生活する人々がこれらの機能を生活のなかで支えていることを忘れてはならず、不利な条件のなかでも、なぜ高齢住民が集落に住み続けることができるのかを考える必要がある」と指摘する（高野2014：129-130）。これらからわかるように、地域資源は本来生活と密接に関わっているものであり、地域資源の利活用

は、消費行動にとどまるのではなく、生産や資源の循環、環境の維持、保全にも関わる営みであると言えるであろう。つまり、同じ消費対象であっても、消費がなんらかの再生産につながる循環を産み出すもの、ないし消費行動そのものに地域への貢献がビルトインされたものが地域資源であると言い換えることができる。このような見方からすれば、社会福祉学にける社会資源のそれとは捉えるベクトルが異なることがわかる。

　過疎地域は、社会福祉学で言う社会資源は乏しいとの指摘もされているが[9]、生活の営みに欠くことができない地域資源はむしろ都市部よりもいわゆる過疎が問題とされている中山間地や農村部のほうが豊富にあることは言うまでもない。これらを、資源開発していく視点と方法が、社会福祉法人に求められているのではないだろうか。

（3）地域循環型経済を志向する資源開発

　さて、いくら資源を開発し、仮に地域資源を活用して新事業や新たな産業を起こしたとしても、域内で資金が循環しない限り、地域の持続可能性は担保されない。

　枝廣淳子は、ロンドンに本部のある New Economics Foundation（通称、NEF）が打ち出した、問題は地域に入ってくるお金が少ないことではなく、地域に入ったお金を、どれだけ地域内で循環し、滞留させるかということに重点を置いた「漏れバケツモデル」を取り上げ、経済学の基礎でもあり、地域経済を「生産」「分配」「支出」の３軸で考える「三面等価の原則」が、地域経済の構造を見るうえで役立つと述べ、「漏れの測り方」や「漏れをふさぐ取り組み」を紹介している（枝廣 2018）。また、藤山浩らもいくつかの詳細なデータ分析を重ね、循環型経済をつくることで持続可能な地域社会を構想している（藤山ら 2018）。

9　たとえば、高野和良（2014：128）や、小松理佐子（2016）など。

　ここに、社会福祉法人が CSV を志向しながら地域貢献する可能性を見出すことができる。つまり、三つのアプローチは、それぞれ地域循環型経済に寄与することを志向することになる。しかしながら、「市場交換や経済活動などに対して、これまでの地域福祉活動が盲目的であった」という指摘にもあるように（直島ら 2019：350）、地域福祉活動と経済活動もさることながら、地域福祉研究において経済格差の是正や目指すべき経済のありようなどについてほとんど研究の蓄積がない。

　そのため、最後に、地域循環型経済に寄与する資源開発の視点と方法について述べておきたい。一つ目は、過疎地域における公私の資源を「社会資産」に転換していくことである。ここで言う資源は、ヒト、モノ、カネ、地域資源、つまり牧里の言う第二次資源であり、その資産化プロセスに職員だけではなく、利用者や地域住民、関係者らが参画していくことが求められる。二つ目は、社会福祉法人が本業を通して必要な経費などを可能な限り、地元調達に切り替えていくことである。往々にして社会福祉におけるネットワークは支援のネットワークを指すことが多いが、ここでは取り引きのネットワークを地元でどう開発し、構築していくかが鍵になる。そして三つ目は、そのような地域循環型経済に寄与する取組みを地元関係者で評価し合う仕組みを作ることである。本稿では深く掘り下げなかったが、社会福祉法人制度改革は、地域公益的取組の義務づけ以外にも「経営組織のガバナンスの向上」、「事業運営の透明性の向上」、「財務規律の強化」を柱としたものであった。地元間での慣れ親しんだ関係性は、一方で癒着などを産むというリスクもはらむ。だからこそ、財務規律を強化し、事業運営の透明性の向上を、経営組織のガバナンスの向上とともに進めていくことで、利害関係者以外の地域社会への説明責任を果たし、そのことが翻って社会福祉法人への信頼へとつながり、地域循環型経済の一翼を担っていくことになっていくのではないだろうか。

おわりに

　本文中でも触れたように、今般の社会福祉法人制度改革は、あくまで残余的な社会福祉法人の役割期待から脱していない。もちろん、そのこと自体を正面から否定するものではないが、本来事業がおろそかになるようなことになっては元も子もない。日本全体が人口減少時代に突入したこんにち、現在の過疎地域の問題は近い将来、多くの市街地、都市部の問題となることは目に見えて明らかである。そういった意味でも、過疎地域に住み続ける権利を回復し、持続可能な地域社会づくりを実現できるかは、今後の私たちの生活を大きく左右することになるだろう。本稿で検討してきたように、そのために社会福祉法人が果たすことができる役割と責任は大きい。

　しかしながら、残余的な役割や責任を超えた実践的な枠組み、その道標となる理論研究の蓄積はまだ不十分と言わざるを得ない。本稿では企業社会の取り組みにならい、CSV 概念を援用しながら社会福祉法人の次なる地域貢献モデルとその方法論を試論的に検討したが、他分野他領域から得られる知見はまだまだ多いと感じる。とりわけ、企業社会はSDGs の推進に後押しされ、業種を超えた協働が盛んになりつつある。その点で言えば、福祉はまだまだ身内間のやりとりに安住してしまっているところがあるのではないだろうか。CSV 概念は、そのような現状を打破していくうえでも有効な枠組みであると考える。

参考文献

足立辰雄 (2018)「ポーターの CSV 概念の批判的考察」『立命館経営学』56 (6),
　　107-122.

秋元美世 (2014)「社会福祉サービスの権利性」岩崎慎也・岩間伸之・原田正
　　樹編『社会福祉研究のフロンティア』有斐閣, 20-23.

枝廣淳子 (2018)『地元経済を創り直す—分析・診断・対策』岩波書店.

橋川健祐（2016）「過疎地域の再生における労働統合型社会的企業の有効性に関する研究—A 町 C 事業所の事例を通して—」『Human Welfare』8（1），93-106.

橋川健祐（2017）「過疎地域再生と地域福祉—資源開発に焦点を当てて—」牧里毎治・川島ゆり子・加山弾編『地域再生と地域福祉—機能と構造のクロスオーバーを求めて—』相川書房，231-244.

橋川健祐（2018）「過疎地域再生をめざす地域福祉研究の課題と展望について：「住み続ける権利」の視点から考える」『福祉社会開発研究』13，61-69.

橋川健祐（2019）「過疎地域再生における社会福祉法人の地域貢献の可能性について：CSV の観点から考える」『金城学院大学論集 社会科学編』15（2），11-22.

藤山浩編（2018）『「循環型経済」をつくる』農文協.

井上英夫（2012）『住み続ける権利—貧困、震災を超えて』新日本出版社.

岩田正美（2009）「現代の貧困と社会福祉の役割」鉄道弘済会社会福祉部編『脱・格差社会をめざす福祉：現代の貧困と地域の再生』明石書店，7-44.

経済産業省（2009）「産業クラスター計画」（https://www.meti.go.jp/policy/local_economy/tiikiinnovation/source/Cluster2009_brochure.pdf，2021.1.16）.

小松理佐子（2016）「過疎地域における地域包括ケアシステム構築の可能性」『日本福祉大学社会福祉論集』134，31-47.

牧里毎治（1994）「地域組織化とまちづくり活動の支援」『社会問題研究』43（2），377-393.

牧里毎治（2009）「社会福祉実践を支える資源開発の方法 —— プラン策定からプログラム（プロジェクト）開発，そしてサービス開発へ（社会福祉専門職の実践力を高めるために（3））」『社会福祉研究』（105），66-74.

松永桂子（2012）『創造的地域社会』新評論.

水村典弘（2016）「共通価値創造（CSV）の戦略〜長期的な視野に立つ SV 戦略の倫理的課題〜」『日本経営管理学会誌』23，121.

村田文世（2011）「福祉市場化における社会福祉法人経営 ——「事業ドメイン」からみる新たな公共性」『社会福祉学』11，6-28.

村田文世 (2014)「市場化における社会福祉法人の社会的アカウンタビリティ：マルチ・ステークホルダー理論に依拠した組織ガバナンス」『社会福祉学』4，3-15.

村田文世 (2015)「福祉サービス供給主体の多元化と社会福祉法人：社会福祉法人はいかに存在意義を示していくのか」『都市問題』106(1)，46-56.

直島克樹・川本健太郎・柴田学ら (2019)「地域福祉としての社会起業論に関する考察：労働・権利回復への視点と社会福祉内発的発展論の再評価」『川崎医療福祉学会誌』28(2)，345-357.

大橋謙策 (1978)「施設の社会化と福祉実践―老人福祉施設を中心に」『社会福祉学』19，49-59.

呉世雄 (2013)「介護老人福祉施設の地域貢献活動の実施に影響を及ぼす要因」『日本の地域福祉』26，65-77.

Porter, M. E. (1985) *Competitive Advantage : creating and sustaining superior performance,* Free Press（＝1985，土岐坤・辻蔓治・小野寺武夫訳『競争優位の戦略―いかに好業績を維持させるか』ダイヤモンド社）

Porter, M. E. and Kramer M. R. (2011) *Creating Shared Value: Redefining Capitalism and the Role of the Corporation in Society,* Harvard Business Review, 89 (1-2), 62-77.（＝2011，DIAMOND ハーバード・ビジネス・レビュー編集部訳「経済的価値と社会的価値を同時実現する共通価値の戦略」『DIAMOND ハーバード・ビジネス・レビュー 2011 年 6 月号』，8-31.）

真田是 (2008)「社会福祉事業体論の論点」石倉康次・玉置弘道編『転換期の社会福祉事業と経営』かもがわ出版，34-45.

社会福祉法人の在り方等に関する検討会 (2014)『社会福祉法人制度の在り方について』厚生労働省.

白澤政和 (2007)「社会資源の利用と開発」『エンサイクロペディア社会福祉学』中央法規.

関川芳孝 (2014)「高齢者施設における地域貢献」『地域福祉研究センター年報 2013 年度』大阪府立大学，32-48.

関川芳孝 (2017a)「社会福祉法人に求められる地域戦略 ―地域包括ケア時

代に向かって―」関川芳孝・山中京子・中谷奈津子編『教育福祉学』せ
　せらぎ出版，103-116.

関川芳孝（2017b）「社会福祉法人改革と地域福祉」『日本の地域福祉』30，
　39-47.

高野和良（2014）「過疎地域（中山間地域・限界集落）―過疎地域の生活支援
　と地域再生」岩崎晋也・岩間伸之・原田正樹編『社会福祉研究のフロンティ
　ア』有斐閣.

田中英樹（2008）「コミュニティソーシャルワークにおける支援展開野方法（そ
　の２）―社会資源の活用と開拓―」『コミュニティソーシャルワーク』6，
　5-16.

東社協社会福祉法人協議会調査研究委員会編（2005）『社会福祉法人の重要性
　とその役割』東京都社会福祉協議会.

日韓における社会福祉法人制度の共通課題とは
～韓国の社会福祉法人制度の歴史的意義と現状から～

大阪府立大学大学院　博士後期課程　金　大賢

1. はじめに

　韓国の社会福祉法人は、社会福祉サービスの提供と伝達において重要な役割を担っている。韓国の保健福祉部（2020）によると、社会福祉事業を直接行う施設法人が2,711、社会福祉事業を支援する支援法人が274、計2,985の社会福祉法人がある。また、自治体と個人を除けば、社会福祉施設の運営においても、社会福祉法人の割合が最も高い。これまで社会福祉事業における社会福祉法人が果たしてきた役割は非常に大きいといえる（保健福祉統計年報 2019）。

　しかし、1997年に社会福祉施設を個人が設立できるようになり、2000年から社会福祉サービスの環境が急変した。2007年にはバウチャー制度が導入され、社会福祉サービスの提供者に対する国庫補助金の支援形式ではなく、サービス利用者に対する利用券の付与方式に変わった。また、2010年代には邑・面・洞のサービスセンター化の推進と保健福祉の公共人材の拡充、社会サービス公団の設置等、公共主体の役割も強化された。2007年は社会的企業育成法が、2012年には社会的協同組合法が施行され、さまざまなサービス供給主体が参入した。さらに、2012

1　市・郡・区の下部行政単位には邑・面・洞があり、市には邑・面洞、郡には邑・面、区には洞が設置されている。
2　社会的企業育成法第一条：社会的企業の設立・運営を支援し、社会的企業を育成して韓国社会で十分に供給されていない社会サービスを拡充し、新しい雇用を創出することで、社会統合と国民の生活の質の向上に貢献することを目的とする。第七条：社会的企業を運営する場合には、雇用労働部長官の認証を受けなければならない。

年は社会福祉事業法の改正、2013 年は社会保障基本法の全部改正が行われ、2014 年には社会保障給与の利用・提供及び受給権者の発掘に関する法律が定められた。

つまり、社会福祉サービスにおける社会福祉法人制度への依存度が相対的に低下し、果たして社会福祉法人が必要なのか、今後も社会福祉法人が存続し続けるのかなど、社会福祉法人の存在意義及び新たな役割が問われているといえる。また、韓国では、社会福祉施設に関する研究は多くあるが、社会福祉法人制度そのものについては研究が少ないので（キムジンウ 2015a：462）、本稿では韓国の社会福祉事業における社会福祉法人の歴史的意義と現状を整理する。さらに、さまざまな環境の変化の中、社会福祉法人に新たに求められる役割を明確にするとともに、2016 年以後の日本の社会福祉法人制度改革を参考しつつ、日韓における社会福祉法人制度の共通課題について考察を試みることとする。

2. 社会福祉法人の法的位置と特徴

（1）社会福祉法人の定義

社会福祉法人は、社会福祉事業法第 1 章第 2 条の「社会福祉事業」を行うことを目的として設立された法人である。社会福祉事業とは、社会福祉事業法第 2 条第 1 号に規定する個別法令による保護・善導又は福祉に関する事業と、社会福祉相談、職業支援、無料宿泊、地域福祉、医療

3　社会的協同組合とは、協同組合のうち、地域住民の権益・福利の増進に係る事業を行い、又は脆弱階層に社会サービス又は雇用を提供する等営利を目的としない協同組合をいう。社会的協同組合は非営利法人であり、公益事業を 40％以上行わなければならない。
4　地域社会福祉協議体（地域福祉の協議・調整及びネットワークの原理により運営される代表的な組織）と市・郡・区社会福祉協議会の設置に関する根拠が社会福祉事業法に明記されていたが、2015 年 7 月から「社会保障給与の利用・提供及び受給権者の発掘に関する法律」に移動され、地域福祉協議体は地域社会保障体に変更された。

福祉、在宅福祉、社会福祉館の運営、精神疾患者及びハンセン病歴者の社会復帰に関する事業等の各種福祉事業と、これに関するボランティア活動及び福祉施設の運営又は支援を目的とする事業をいう。社会福祉法人が行う事業は社会福祉事業に限られるため、社会福祉事業以外の事業を遂行することができない。

（2）社会福祉法人の設立手続

　社会福祉事業法第1章が総則であり、第2章第16条から第33条までに、社会福祉法人の位置づけが明記されている。第2章第16条（法人の設立許可）によると、社会福祉法人を設立しようとする者は、大統領令で定めることにより、市・道知事の許可を受けなければならない。許可を受けた者は、法人の主たる事務所の所在地で設立登記をしなければならない。保健福祉部（2020）の社会福祉法人の管理案内による設立手続きの概要を要約すると、次のようになる。

図表1　社会福祉法人の設立手続

1 段階	申請者の法人 設立申請 （申請者→市・郡・区）	社会福祉法人を設立しようとする者は、「社会福祉事業法施行規則」第7条に規定されている社会福祉法人設立許可申請書とその他の具備書類を完備し、市・郡・区に提出
2 段階	検討意見等を添付し、市・道に提出 （市・郡・区→市・道）	市・郡・区は、設立許可を申請した法人に対する基礎資料、実地調査の結果、法人設立の必要性に関する検討意見書などを添付し、市・道に申請書を提出
3 段階	市・道で最終的に許可の可否を決定	市・道は法人設立申請書と市・郡・区の基礎資料、市・道の福祉条件等を総合的に検討し、法人設立許可の最終決定

出典：保健福祉部（2020）社会福祉法人管理案内より一部加筆修正

　このように、社会福祉法人は必ずしも利潤追求のための営利目的ではなく、社会福祉事業という非営利目的のために存在しなければならな

い。社会福祉法人の設立申請にあたり、申請者は、遂行しようとする目的事業を具体的に確定しなければならない。そのうえで、市・道では、許可審査の際に、設立者の財政能力、目的事業の非営利性、収益事業の性格などを審査することで、租税回避など動機が不純な目的の設立を未然に防止している。

（3）社会福祉法人の種類及び財産

　社会福祉法人の種類には施設法人と支援法人がある。まず、社会福祉施設を設置・運営する法人（施設法人）は、社会福祉事業法第2章第2条第4号による社会福祉施設を設置・運営する目的で設立された社会福祉法人である。「社会福祉施設」とは、社会福祉事業を行う目的で設置された施設という。また、社会福祉事業を支援する法人（支援法人）は施設の設置・運営を目的とせず、社会福祉事業を支援する目的のみで設立された社会福祉法人である。2010年に施設法人が1,247、支援法人が227、計1,474であったが、保健福祉部（2020）によると、施設法人が2,711、社会福祉事業を支援する支援法人が274で、計2,985法人と約2倍に増加している。社会福祉法人の現状は以下の通りである。

5　個別の法令については次のようになる。①国民基礎生活保障法、②児童福祉法、③老人福祉法、④障害者福祉法、⑤単親家庭支援法、⑥乳幼児保育法、⑦売春防止及び被害者保護などに関する法律、⑧精神健康増進及び精神疾患者の福祉サービス支援に関する法律、⑨性的暴力防止及び被害者保護などに関する法律、⑩養子縁組特例法、⑪日帝下の日本軍慰安婦被害者に対する生活安定支援や記念事業などに関する法律、⑫社会福祉共同募金会法、⑬障害者・老人・妊婦などの便宜増進保障に関する法律、⑭家庭暴力防止及び被害者保護などに関する法律、⑮農漁村の住民の保健福祉の増進に向けた特別法、⑯食品など寄付活性化に関する法律、⑰医療給与法、⑱基礎年金法、⑲緊急福祉支援法、⑳多文化家族支援法、㉑障害者年金法、㉒障害者活動の支援に関する法律、㉓ホームレスなどの福祉や自立支援に関する法律、㉔保護観察などに関する法律、㉕障害児童福祉支援法、㉖発達障害者の権利保障及び支援に関する法律、㉗青少年福祉支援法、㉘そのほかに大統領に定める法律　＊（北朝鮮離脱住民の保護及び定着支援に関する法律、2018.10.25の施行）

図表 2　社会福祉法人の現状（2020）

区分	合計	施設法人	支援法人
		計	計
全国	2,985	2,711	274
ソウル特別市	306	214	92
釜山広域市	224	208	16
大邱広域市	185	178	7
仁川広域市	53	45	8
光州広域市	143	139	4
大田広域市	104	93	11
蔚山広域市	49	46	3
世宗特別自治市	21	21	0
京畿道	272	230	42
江原道	193	170	23
忠清北道	167	149	18
忠清南道	230	213	17
全羅北道	242	236	6
全羅南道	221	217	4
慶尚北道	203	194	9
慶尚南道	256	244	12
済州特別自治道	116	114	2

出典：保健福祉部社会福祉法人管理案内（2020：5）

　また、社会福祉事業法第2章第23条において、社会福祉法人は、社会福祉事業の運営に必要な財産を所有しなければならないと定めている。法人の財産は、保健福祉部令で定めることにより、基本財産と普通財産で区分される。法人は、基本財産について、その目録及び価額を定款に記さなければならない。さらに、基本財産については、①売却・贈与・交換・賃貸・担保提供または用途変更をする場合、②保健福祉部令

で定める金額以上を 1 年以上長期借入する場合には、市・道知事の許可を得なければならない。①による財産及びその会計に関する必要な事項については、保健福祉部令で定めている。

施設法人は、施設の種類ごとの設置基準に適合する施設（建築物）の運営のため必要な財産を備えなければならず、施設の所在地は、施設整備が可能な地域でなければならない。一方、支援法人は、寄付等によって拠出した基本財産から発生する収益で、人件費や事業費など法人の運営経費の全額を賄えるだけの基本財産を備えていなければならない（利子率等を考慮すること）。

図表 3　社会福祉法人の種類と財産

区分		基本財産
施設法人	生活施設	・施設の設置基準に該当する目的事業用の基本財産を備えなければならない ・結核及びハンセン病療養施設は、入所定員に 13.2m² をかけた施設面積以上に該当する、目的事業用の基本財産を備えなければならない
	利用施設	法人が施設を設置・運営する場合は、施設を備えられる目的事業用の基本財産を備えなければならない
支援法人		法人の運営経費の全額を賄える基本財産を備えなければならない
※(参照:第 27 条)解散した法人の残った財産については定款で定めることにより、国又は地方自治体に帰属する。		

出典：保健福祉部（2020）社会福祉法人管理案内より一部加筆修正

（4）社会福祉法人の位置づけ

社会福祉法人は、韓国の民法第 32 条「非営利法人の設立及び許可」、「公益法人の設立・運営に関する法律」にもとづき設立された非営利公益法人である。財産が拠出さて設立された法人であるから、財団法人の性格を持ち、社会福祉事業という特殊目的のために設立された特殊法人である。

社会福祉法人を公共部門にしてみるか、それとも民間部門としてみる
かについては、学者たちの間でも意見が異なる。まず、キムヨンミョン
ら（2012）は、社会福祉法人を民間組織よりは準公共組織、広い意味で
公共部門としてみている。社会福祉法人を公共部門の組織体、民間部門、
公共と民間の中間的組織とみなす3つの立場を整理し、社会福祉法人の
法的根拠、所有構造、公共性を基準に公共部門に含める組織として把握
した。社会福祉法人を公共部門の福祉供給者と規定する根拠としては、
①社会福祉法人は民法上の財団法人より公共性が強調される特殊法人で
ある、②社会福祉法人は公共の所有であり、法人の財産は設立者の私的
財産ではなく、公共の財産である、③社会福祉法人に関する国の直接・
間接支援の比率が50％以上で、社会福祉法人は公共財源に依存が強い、
④社会福祉法人の社会福祉事業は利潤追求が禁止され、収益事業は社会
福祉法人の固有事業のために使用されるように法律に統制されている、
⑤社会福祉法人が提供する社会福祉サービスは、市場メカニズムではな
く、法律、規則、定款などによって行政の規制を受ける。

　これに対し、社会福祉法人を民間の社会資源のひとつとしてみる論者
もいる。すなわち、韓国の社会福祉サービスは、国と地方自治体が法律
によって与えられた責任と義務を社会福祉法人に民間委託する体制を
とっており、社会福祉事業において社会福祉法人は民間の社会資源のひ
とつとして積極的に活用されているにすぎない（バクジョンソン
2007：84）。

　しかし、キムヒョンス（2012）とキムジンウ（2015a）の研究では、
社会福祉法人は公共的性格と民間的性格が混合しているという立場が有
力である。すなわち、社会福祉法人は、①民法上の財団法人に対する特
別法の性格を持ち、②社会福祉法人は国や地方自治体と異なる組織とい
う側面から、③構成員が公務員ではなく民間人であるという点から、④
社会福祉の枠内で事業遂行に柔軟性を持つという側面から民間的な特徴

があると考えられる。しかし、社会福祉法人は、①社会福祉事業法上の法的根拠を持っており、②事業の範囲と内容が地方自治体及び国の許可範囲内に限られること、③拠出、出資金、補助金など、何らかの形で国又は地方自治体などから財政地権を受ける場合がほとんどであること、④出資財産は私的所有を離れて公共化された社会財産であること、⑤法人に関して各種の厳格な要求・統制が行われること、⑥収益事業を行ってもその趣旨や目的、収益の活用において制約があることなどは公共的特徴があると考えられる。

つまり、韓国において社会福祉法人は民間組織でありながら、その設置及び運営については公共的特徴が強い特別公益法人といえる。

3. 社会福祉法人の歴史及び変化過程

韓国における社会福祉法人の制度は1970年に社会福祉事業法により初めて適用された。社会福祉事業法制定以前に、救護事業などの社会福祉事業を行っていた民法上の財団法人が、法制定以後、社会福祉法人として認定された。韓国戦争後、急激に増加した孤児等を収容・保護する施設及び救護施設の運営と指導監督のための準則として、1950年5月に「厚生施設設置基準」が公布され、1952年10月4日に「厚生施設運営要領」が制定された。

1950年代後半は、社会福祉サービスに関する法律がなかっただけでなく、外部機関からの補助も存在していた。そのため、厚生施設を運営する財団法人に対しては、保健社会部（現在、保健福祉部）が直接的に統制できない限界が存在した。これを克服するために社会福祉事業法を制定することで、社会福祉事業を行っていた財団法人を社会福祉法人とみなすとともに、行政組織を体系的に整備し、財政支援の拡充し、共同募金会を通じて民間財源を動員することを目的に、法的根拠を整備した

（キムジンウ 2013：155）。

　キムヨンジョン（2018）は、1970年の社会福祉事業法によって社会福祉法人制度が設立した歴史的な意義について論じている。1つは、既存の社会福祉事業分野の法人・施設が、社会福祉法人という法的な地位を得ようと働いたこと。もう1つは、当時、国及び自治体が、社会福祉法人と社会福祉サービスの供給システム[6]を整序し、さまざまな個人・団体による施設の乱立を抑制し、主たる担い手である社会福祉法人に対する補助を与えることができる制度設計に変更した、ことをあげている。

　以下、社会福祉法における社会福祉法人制度改革の展開過程を概略しておきたい。

図表4　社会福祉法における社会福祉法人の規定の変化過程

年度	内容
1970年1月 制定	社会福祉事業法における社会福祉法人の条項の割合（51.7％） →社会福祉の供給システムの法制が民間主体の社会福祉法人を中心に出発したと考えられる
1983年5月 全部改正	社会福祉施設の規定を社会福祉法人から分離、人材の概念を施設従事者から専門職の位置に格上げさせる
1992年12月 全部改正	①社会福祉の公務員及び専担機構の設置、施設補助金の支給根拠の制定（31条） ②法人設立の許可を市・道の委任から権限へ委譲、法人規制を強化し、法人設立許可の取消し制定（20条） ③残余財産処理（21条）条項を新設
1997年8月 全部改正	①社会福祉施設を許可制から届出制に変える、個人も施設設置を許可、施設に関する規定を拡大。社会福祉士の国家試験及び施設評価制度の導入 →社会福祉法人の制度的位相に大きな変化をもたらしたと考えられる ②役員の兼職禁止（21条）、役員承認の取消し（22条）、財産取得報告の新設（24条）
1999年4月 一部改正	①社会福祉の公務員の資格規定、施設に対する行政費用補助、施設所在地の監督を規定し、施設の申告制限条項を削除（39条） ②法人設立を保健福祉部長官に限定（16条）

2000 年 1 月 一部改正	①社会福祉施設の安全点検、保険加入を義務化 ②役員承認の取消条項を解任命令に変更（22 条）
2007 年 1 月 一部改正	社会福祉法人の代表理事及び施設長は、国及び地方自治体が実施する社会福祉業務の電子化施策に協力するよう義務付ける
2011 年 8 月 一部改正	①施設の統合設置運営等に関する特例を新設(34-2条)、「社会サービス利用及び利用権の管理に関する法律」の制定による規定の調整 ②法人事務を市・道知事へ移譲
2012 年 1 月 一部改正	①人権概念の挿入、サービス保護をサービス提供に変更、利用者の人権保護及び権益強化、施設運営委員会の強化 ②法人要件の監督の大幅強化、外部の理事制の導入（ドガニ法）、役員の職務の執行停止（22-2条）、臨時理事の選任（22-3条）、会議録の作成及び公開等の新設（25 条）
2014 年 12 月 他法律改正	「社会保障給与法」制定（2014 年 12 月 30 日）により、地域社会福祉計画に関する規定の全般削除・移動 →公共部門の規範が社会福祉の談論を代弁する社会福祉事業法の体系から離脱することになったと考えられる
2017 年 10 月 一部改正	①公共の役割に関する規定(社会福祉員会、地域社会福祉協議体、福祉事務専門機構、社会福祉の公務員、社会福祉サービスの実施)を社会保障給与法で削除・移転 ②法人役員選任関連金品等授受禁止の条項の新設（18-2条）

出典：キムヨンジョン（2018）より筆者作成

　韓国における社会福祉法人は、社会福祉サービスの供給主体として、現在でも中核的な役割を果たしている。しかし、1997 年に社会福祉施設を個人が設立できるようになり、2000 年代にバウチャー制度が登場することで、社会福祉サービスの供給主体としての社会福祉法人は市場の中で競争を余儀なくされている。他方で、2010 年代には邑・面・洞のサービスセンター化の推進と保健福祉の公共人材の拡充、社会サービス公団の設置等、公共主体の役割が強化される傾向が現れている。さら

6　社会福祉の供給システム（韓国語：社会福祉の伝達体系、Social welfare service delivery system）：地域社会内、存在する社会福祉サービス供給者の間をつなげるため、または、社会福祉サービスの供給者と受給者の間をつなげるために作られた組織的な体系である（オジンソク・リュウジンソク 2018：214）。

に、社会的企業、社会的協同組合、まち企業などさまざまなサービス供給主体が参入し、社会福祉法人は制度的・存在的の地位が萎縮しているといえる（キムヨンジョン　2018：82）。

4．韓国における社会福祉法人の役割と課題

（1）社会福祉法人の役割

　韓国の民間社会福祉事業においては、多くの民間組織が、制度的・環境的・財産的なメリットから、社会福祉法人を設立し事業を運営している。実際に、生活施設のほとんどが社会福祉法人によって運営されている状況にある。社会福祉法人は、民間社会福祉事業の分野で最も中核的な役割を担っている存在といえる。

　社会福祉法人制度の目的は、社会福祉サービスを必要とする対象者に安定的な暮らしや生活を保障し、社会福祉の専門性を高めながら、社会福祉事業の透明性や適正を図り、地域福祉を推進することである。地域福祉についていえば、「総合社会福祉館」が地域を単位として社会福祉サービス提供の役割を担う福祉拠点として存在するが、総合社会福祉館の運営主体は、社会福祉法人が72.8％を占める。「総合社会福祉館」の運営によって、地域と信頼関係を構築できていることも、社会福祉法人の強みといえる。

（2）社会福祉法人と社会福祉施設との関係

　社会福祉法人は、社会福祉事業法の特別法に設立根拠をもち、社会福祉事業を行う主体として法人格を持つ。社会福祉法人の社会福祉施設は、国や地方自治体等から財政支援を受け、委託されることが多く、営利法人と異なって、公共の利益を実現する業務を行う存在といえる。

　保健福祉部の社会福祉施設案内（2000）によると、民間委託の対象施

設は、行政または地方自治体が設置する施設であり、受託者の要件としては社会福祉法人または非営利法人に限定され、公募により受託者を選定し、契約期間は5年とされている。ただし、行政や地方自治体が設立した非営利法人に委託し運営する場合は、保健福祉部長官が定めることにより、公募を行わないこともある。

　これについて、キムジンウ（2015b）は、社会福祉法人と社会福祉施設との関係を以下のようにまとめている。社会福祉事業は主に社会福祉施設を通じて行われるが、社会福祉施設は人的資源と物的資源が結合して公共物であり、社会福祉法人はこのような公共物に責任をもって管理・運営する主体として存在すると述べている。また、社会福祉事業を行う主体として、医療法人、宗教法人、学校法人などの非営利法人もある。1997年には個人も事業運営が可能となり、社会的企業、社会的協同組合までに拡大している。現在では、運営主体が多様化しているため、社会福祉法人の存在意義が曖昧になってきたと指摘している。そのため、韓国の社会福祉法人についても、社会福祉施設の運営主体として、存立の理由や役割をより明確に整理する必要がある。

（3）社会福祉法人の課題

1）社会福祉法人制度をめぐる課題

　社会福祉事業法は社会福祉事業に関する事項を定める法律である。しかし、社会福祉法人に関する内容について、機能と役割が明確に示されていない。特に、キムジンウ（2015a）は、社会福祉法人と社会福祉施設の関係を明確し、社会福祉法人が社会福祉施設の設置・運営の責任主体として、社会福祉事業における先駆的な役割を担うべきことを明記する必要があると述べている。

　また、イサンヨン（2015）とキムヒョンス（2012）の研究でも、1970年代から施行されてきた社会福祉法人制度は現在まで重要な役割を果た

してきたにもかかわらず、社会福祉法人だけに実施が認められる社会福祉事業の区分、社会福祉法人に関する政策方針が十分に検討されてこなかったと批判している。

　つまり、社会福祉法人に対する法律上の位置づけを明確にし、あらためてその役割を明記するなどの法的整備を通じて、社会福祉法人の機能と役割、社会福祉法人と社会福祉施設との関係、社会福祉事業のあらたな区分、社会福祉法人に関する政策方針を明確にする必要があると考えられる。

　2）社会福祉法人の公共性と信頼性の確保にむけて
　社会福祉法人は、法律による設立認可、行政等からの財政支援、行政からの社会福祉事業の受託、業務内容の非営利性・公共性・公益性などの特徴がある。社会福祉施設を設置・運営し、法人を支援する主体としての役割も果たすため、公共性の担保と社会から信頼される法人組織であることが求められる（キムヒョンス　2012：415）。

　他方では、社会福祉法人の公共性と信頼性を失墜させる不祥事も続いている。たとえば、家族・親族を中心とする専横的な運営体制、政府補助金の横領、性的暴行やネグレクト、その他の人権侵害などがあげられる。実際に社会福祉施設の不正事件によって、社会福祉法の改正につながっている。

　何らかの問題が発生したとき、法人によるガバナンス機能を強化させ、社会福祉法人が社会福祉サービスの質を高めながら、社会福祉事業の透明性や適正を図り、持続可能なサービスを供給する主体としての役割を果たすための政策や実践が求められている。

　他方、個人が経営する社会福祉施設の運営のあり方が問題としてあげられている。個人が経営する施設では、運営委員会以外には、個人の意思決定に対する民主的統制、内部統制を果たせるシステムがなく、社会

福祉施設が利潤の追求を目的に運営させる場合には、公共性を損ねると懸念する指摘もある（キムジンウ　2015a：474）。このことからも、個人が経営する社会福祉施設のあり方を見直すべきことが示唆される。

3）地域に向けた社会福祉法人の事業展開

　韓国の社会福祉法人においても、公共性と信頼性を確保するために、社会福祉サービスを必要とする利用者のみならず、地域福祉の推進に貢献する役割が求められる。たとえば、地域のニーズに対して、社会福祉法人の財産を活用して地域社会へ貢献し、地域貢献事業の費用の一部を地方自治体から補助を受け、行政と協力して地域問題を解決することができる（キムジンウ　2015a：484）。

　また、社会的企業や社会的協同組合、まち企業など社会福祉サービスの供給主体が多様化になっているため、社会福祉法人は既存のボランティアや自主組織を活用し、住民参加と地域共同体の参加を促し、地域を基盤とするプログラム開発、地域のニーズに沿った事業展開など、住民参加と社会福祉機関等の連携を図り、地域社会の実践主体として、社会福祉法人のみできる新たな役割を模索することが重要である。

5．まとめ

　韓国における社会福祉法人は、社会福祉事業で最も重要なサービスの供給主体としての役割を果たしてきたが、①社会福祉法人の政策戦略と法的な整備、②社会福祉法人の公共性と信頼性の確保、③地域に向けた社会福祉法人の事業展開が課題となっている。そこで、日本で2016年に公布された「社会福祉法人制度改革について」を参考し、日韓における社会福祉法人制度の共通課題について考察し、これからの日韓における社会福祉法人のあり方についての方向性を示していきたい。

（1）公共性の担保と国民から信頼される社会福祉法人

　社会福祉法人制度改革においては、一般財団法人・公益財団法人と同等以上の等の公益性を担保できるため、経営組織の在り方が再検討された。また、国民から信頼され、福祉ニーズに対応するサービスが充実するため、「地域における公益的な取り組み」が新設された。呉世雄（2016）は、日本の社会福祉法人の改革について、①説明責任と透明性の強化、②地域公益活動の義務化であると要約している。従来の経営の説明責任が行政に限られていたが、サービスの利用主体である国民に拡大し、経営組織の民主化と経営指標及び法人資産を公開することにより透明性の確保が実現できると述べている。また、内部留保による国民の社会福祉法人に対する誤解を払拭し、信頼を取り戻す手段を設けるためであり、地域公益活動を義務化することにより、社会福祉法人が地域福祉の実践主体と明確に示されることができると評価している。

　日本においても公共性と信頼性をどのように担保するかは、社会福祉法人制度の重要な課題である。はたして、ガバナンスの仕組みが機能するのか、社会福祉法人の公益性をどう高めるか、地域からどのように信頼されるか等、社会福祉法人の組織、経営、予算、収益事業、具体的な実践方法等について、日韓の社会福祉法人制度に共通する課題である、制度比較の研究が必要なテーマであると考えられる。

（2）地域を基盤とした社会福祉法人の地域貢献事業の展開

　社会福祉法人は、民間社会福祉事業の主たる担い手として、公的な制度に基づく福祉サービスのみならず、制度外の福祉ニーズに対しても、支援が必要な住民に対し福祉サービスを提供し、地域の福祉課題の解決に取り組むことが期待された存在であるといえる（関川　2019：73）。つまり、社会福祉法人の新たな役割として、地域を基盤とした社会福祉法人の地域貢献事業の展開することにより、地域にある福祉ニーズに対し

柔軟に対応し、最後のセーフティネット機能を果たしていくことが重要だと考えられる。

　韓国においても社会福祉法人は、公共の領域で対応できない地域問題とサービスの狭間にいる潜在的なクライアントに対してサービスの発掘・支援、地域を基盤とするプログラムの開発、地域内の社会福祉の提供機関との連携など、体系的かつ長期的な観点からの議論・実践が一層求められているだろう。

　本稿では韓国の社会福祉事業における社会福祉法人の歴史的意義と現状を整理した。さまざまなサービス供給主体が参入されている中、社会福祉法人に新たに求められる役割と日韓における社会福祉法人制度の共通課題について考察を行った。今後、本稿の日韓における社会福祉法人制度の比較研究の基礎資料を基に、社会福祉法人の組織や政策、実践の観点から多角的な議論と実践的含意を模索する必要があると考えられる。

参考文献

厚生労働省（2017）「社会福祉法人制度改革について」（https://www.mhlw.go.jp/stf/seisakunitsuite/bunya/0000142657.html, 2020.12.8）

関川芳孝（2019）「社会福祉法人制度改革の視座」『社会福祉法人制度改革の展望と課題』大阪公立大学共同出版会，5-29.

関川芳孝（2019）「社会福祉法人制度改革の歴史的意義　社会福祉法人制度の本旨について」『社会福祉法人制度改革の展望と課題』大阪公立大学共同出版会，51-75.

浦野正男編（2018）『社会福祉施設経営管理論』全国社会福祉協議会.

古都賢一（2016）「社会福祉法人制度改革について」『日本福祉大学社会福祉論集』（134），203-208.

韓国の参考文献

保健福祉家族部（2010）「社会福祉法人管理案内」

保健福祉部（2019）「保険福祉統計年報」

保健福祉部（2020）「社会福祉法人管理案内」

保健福祉部（2020）「社会福祉施設管理案内」

オジンソク・リュウジンソク（2018）『地域社会福祉論』学知社.

ガンヨンスク（2019）「社会福祉施設は公共財である」『月刊福祉動向』243，
　　17-22.

キムヨンジョン（2012）「社会福祉の代案的供給のパラダイムとしての地域福
　　祉体系と政府の役割」『韓国地方政府学会学術大会資料集』421-436.

キムヨンジョン（2018）「社会福祉法人制度の形成と変遷に関する研究」『韓
　　国社会福祉学』70(4)，69-92.

キムジンウ（2013）「社会福祉法人制度の新設の背景に関する探索的な研究」『社
　　会福祉政策』40(4)，137-156.

キムジンウ（2015a）「環境変改に伴う社会福祉法人制度の批判的な考察」『韓
　　国社会福祉行政学 17(3)，461-489.

キムジンウ（2015b）「変改する環境における社会福祉法人の役割に関する回
　　顧と展望」『韓国社会福祉行政学学術大会資料集』33-71.

キムヨンミョン・パクサンヒ（2012）「公共福祉なのか？民間福祉なのか？社
　　会福祉法人の性格に関する研究」『状況と福祉』36，7-38.

キムヒョンス（2012）「社会福祉法人制度の特徴と分類体系に関する考察」『光
　　信論壇』21，397-418.

パクジョンソン（2017）「民間資源として社会福祉法人の役割」『韓国地域社
　　会福祉学』21，73-93.

ベド（2014）「社会福祉法人制度の下で社会福祉施設の管理体系に関する研究」
　　『韓国社会福祉協議会発刊資料』

呉世雄（2016）「日本における社会福祉法人の経営環境の変化と対応戦略とし
　　ての地域福祉実践」『韓国地域社会福祉学会学術大会資料集』147-175.

ユンヒスク（2015）「地域社会福祉の中心とする社会福祉法人の役割と実践課
　　題」『韓国社会福祉行政学会学術大会資料集』153-170.

イサンヨン（2015）「社会福祉事業法の改正の示唆点－社会福祉法人及び施設
　　を中心に」『保険福祉フォーラム』220(1)，102-114.

社会福祉法人制度改革 —— そのあとの改革、その先の改革

九州大学　安立　清史

はじめに

　社会福祉法が改正され社会福祉法人制度も改革された[1]。そこで課題になったことは何だったのだろうか。改革の経緯としては、法人の内部留保が問題視され、非課税のイコールフッティング論が議論され、非課税の根拠が問われた。結果として社会福祉法人のガバナンス強化が義務づけられることになった。現在は「改革のあとの改革」として「地域における公益的な取組を実施する責務」などが論議されている。この改革の成否はおく。しかし社会福祉法人をこのまま社会福祉制度のための道具のような法人組織としてしまったら時代おくれではないか。それでは社会福祉法人の非営利組織としての長所や、本来あるべき可能性も減殺してしまうことになる。それではあまりにも残念だ。むしろ「超少子高齢社会」の様々な福祉課題や地域課題に対応できる組織へ、本格的な非営利法人の役割も果たせるような方向へ向かわせることが必要ではないだろうか。つまり「改革のあとの改革」では不十分で、「改革の先の改革」への展開こそ必要になっているのではないだろうか。社会福祉法人は国の責務としての社会福祉の代行者という側面と、非課税という扱いを受けている民間非営利組織という二重性をもっている。それゆえ、しばしば「ダブルバインド（二重の拘束）」を受けている組織だと言われてきた。このままだと民間でも公共でもない二重に曖昧な存在になりかねない。現状は、「超高齢社会」となって介護保険や社会保障もこれからどうな

1　厚労省ホームページに「社会福祉法人制度改革について」という詳しい紹介が掲載されている。

るか分からないと言われている難しい時代だ。社会福祉法人を「ダブル
バインド・ダブルマイナス」に縛られた法人のままにしておいてよいの
だろうか。むしろ二重性を「ダブルプラス」に転換していくことが必要
ではないか。それには「改革の先の改革」を考えていくべきではないか。
それは「制度改革・制度いじり」では実現できない。「非営利」である
ことの長所や可能性を活かし、促進していく方向の改革であるべきでは
ないか。

1. 社会福祉法人制度改革のあと

　社会福祉法人のあり方が検討され、社会福祉法人制度改革の方針が定
まり、平成28年法改正社会福祉法によって社会福祉法人制度改革が行
われた。現在は、そのあとの改革のフォローアップ段階、もっぱら「地
域における公益的な取組を実施する責務」についてどう進捗しているの
かが論議されている。社会福祉法人の新たな方向は指し示されたのだろ
うか。あまり大きな変化はなかったのではないか。そんな静かになった
風景の中に社会福祉法人はいる。

　でも、これですべてが解決したわけではないし、社会福祉法人の存在
意義が確たるものになったわけでもない。いずれさらなる改革が求めら
れるだろう、という意見もある。また、これ以上の制度いじりは百害
あって一利なしではないか、という声もある。たしかに制度をかえて問
題が解決するわけではない。

　ひるがえって、そもそも社会福祉法人改革とは何であったのか。何の
ための改革、何をめざしての制度改革であったのか。本稿では、社会福
祉法人改革のあとの改革状況を考えるのではなく、社会福祉法人改革の
おわったあとに、「その先の改革」あるいは「改革の先の改革」はどの
ようなものが必要なのか、その未来の道筋を考えてみたいと思う。それ

はけっして制度による改革、あるいは、制度いじりの改革ではなく、非営利組織ということの本質にかかわるものとなるはずだ。

２．社会福祉法人の二重性 —— 社会福祉と非営利

　社会福祉学ではなく福祉社会学の観点からみると、社会福祉法人改革で検討されたことは「社会福祉制度にとっての社会福祉法人のあり方」に限定されていたように見える。それは問題ではないだろうか。社会福祉法人という存在を、たんに社会福祉という制度のための道具のように扱っていて、これからの「超高齢社会」で必要になる非営利組織・非営利法人としてのあり方は、ほとんど考慮されていなかったのではないだろうか。社会福祉法人という存在の独自性や可能性は、ほとんど考えられなかったのではないか。もちろん歴史的には社会福祉法人が、社会福祉の措置制度のための法律と制度によって生み出されたことは否定しようがない。しかしいつまでも政府行政のための道具のような存在として扱われつづけているとしたら、社会福祉法人という日本独特の「非営利」法人がかわいそうだし、もったいないことだ。人間も組織も法人も同じで、自由に自分で考え、自発的に動こうとしたときに、はじめて可能性も開かれるものだからだ。

　これからの社会福祉法人の役割を考えていくと、措置制度のための社会福祉法人という旧来のあり方と、これからの非営利法人や非営利組織のあり方との間に乖離が生じると考えられる。介護保険以降の社会福祉法人は、すでに二重化した存在なのだ。この「二重性」を「二つの拘束（ダブルバインド）」と考えるか、「二つの可能性」と考えるかによって、これからの視野がまるで違ってくるだろう。ダブルバインドとして考えていくと、公的な存在と、民間非営利組織としての存在との、短所が二重に浮かび上がってきてしまう。そうではなく、一つしかなかったとこ

ろにもうひとつの可能性が加わったと考えてみたらどうか。よく読む
と、今回の社会福祉法人制度改革の中には、二つの可能性を、ともに活
かしていくべきだという提言や含意が含まれているように思う。しか
し、後に論じるように、事実や実態は必ずしもそうかんたんにはいかな
い。本稿では、この問題を、アメリカの政府行政と非営利組織との協働
のあり方と、日本のそれとを比較しながら、考えてみたいと思う。

3．二重の拘束と二重の可能性

　社会福祉法人は「非営利」の仕組みとして社会福祉法人になったのだ
ろうか。それとも社会福祉のために社会福祉法人になったのだろうか。
社会福祉法人という性格と、非営利法人という性格との間には、重なる
部分もあるが、そうでない部分もある。二つの概念が相互に作用しあっ
て現実の社会福祉法人を為しているのだが、両者は完全には一致してい
ないのだ。これが二重性の原因となる。

　社会福祉法人は、その歴史的な由来をたどると複雑だが、日本の慈善
事業の系譜と、米国の社会福祉事業のコンセプトの両面をひきついで形
成されてきた。これも二重性の原因をなしている。政府行政の役割を代
行するので、非課税その他の資格も与えられている。さらに複雑なのは
日本の公益法人や非営利法人とも異なっているところである。おもに根
拠法と税制上の違い、それによって社会福祉法人は、公益法人や非営利
法人と同一でないし、米国流の非営利組織とも同じではない独自の存在
となっている。

　措置制度の時代なら社会福祉制度のために（だけ）活動すれば良かっ
た。ところが介護保険制度という複雑で多面的な制度の時代に入ると、
これまでの社会福祉法人の活動だけでなく、介護保険事業者という役割
も果たさなくてはならなくなった。それが二重拘束（ダブルバインド）、

三重拘束（トリプルバインド）の時代の社会福祉法人の困難である。

　そもそも、社会福祉事業法・第二十二条によれば「社会福祉法人とは、社会福祉事業を行うことを目的として、この法律の定めるところにより設立された法人をいう」とある。そこに「非営利」であることを求める法律的な根拠はない。つまり社会福祉法人は旧社会事業法のさだめる社会福祉事業を行うための法人として、政府行政から許認可された法人であって、「非営利」であることの積極的な理念や原理があるわけではない。NPO法人や公益法人は、むしろ「非営利」であることの積極的な意義や理念をその設立の根拠や目的としており、異なっている。「非営利」であることは付随的な結果である社会福祉法人と、「非営利」であることの積極的な意義をうちだすNPO法人の違い ── これらのことはすでに多くの類書で指摘されていることなのでくり返さない。問題は、それゆえに、日本では様々な根拠法を別にする非営利法人が存在して、非営利法人の間に多くの壁や障壁、つまり縦割りが連携やネットワーキングを阻んできたことである。それらのこともすでに何度も言い古されてきたことなのでくり返さない。この解決が困難であることもまた何度も言われてきた。ここでは、あまり言われてこなかった視点、米国における政府行政機関とNPO法人との協働の仕組みの「原理」的な部分から考察してみよう。

4.「非営利」とは何か ── 非営利組織の原理と理論

　ここですこし迂回して考えてみよう。非営利組織とは何か、「非営利」にはどんな長所や社会福祉における役割があるのか。日本の非営利組織、公益法人、社会福祉法人などと、米国の Non Profit Organization（以後NPOと略称）は同じものなのか、違うものなのか。もし違うとしたら、なぜ違うのか。どのようなところが違うのか。

まず米国のNPOは、どのような非営利組織なのだろうか。米国の
NPOの原理的な部分の理解は、社会福祉法人の未来を考えるにあたっ
ても参考になると思われる。もちろん現在の法律的な組み立てからいう
と、社会福祉法人に米国流の「非営利」意識を強く求めることには限界
があるのだが。

　「非営利」とは何かを考えてみよう。米国では法人を経済活動という
観点からみて、株式会社のように利潤や利益をステークホルダー（株主）
に還元することを「禁じられた」組織が非営利法人と呼ばれている[2]。

　しかし考えてみると、この場合の「非営利」は経済的な観点および課
税の有無の観点から操作的に定義されただけのものである。したがって
米国のNPO法を日本に応用しようとすると、どうしても不具合が生じ
ることも以前から指摘されてきたことである[3]。

　私は前著で非営利組織の「非営利」とは何か、政府行政と非営利組織
が対等に協働できるための理論的・原理的な理由を考察してきた。その
結果を要約すると、次のようになる。

　「ボランティア」や「非営利」は、その原理的な部分をたどると、宗
教的なルーツをもつと考えられている。一神教的な宗教世界において、
神からの「呼びかけ」に応えて行動する人たちのエートス（長年の宗教
教育などで意識と行動とが一体化して行われるような行動）が、宗教行
為だけでなく、世俗の職業（ルターの天職概念が典型）へも波及してい
き、さらに職業以外の様々な行動までも及んでいくと、そこに「ボラン
ティア」という意味が生まれてくる。その「ボランティア」たちの集団

2　日本でも法人の事業の結果にたいして「非課税」という特典をもっている団体
　　が社会福祉法人のような「特定公益増進法人」として非営利法人の典型とされ
　　てきた。
3　藤井郭史はじめNPO法人の定義にその社会的な意義も含めて盛り込もうとする
　　研究者も少なくない。しかしながら社会的な意味や意義を法律的に規定するこ
　　とは困難であった。

や組織が、実態をもってくると、そこに世俗の課税を免じられたNPO
という組織概念がうまれる。この見方からすると、米国のNPO法人な
どは、「教会のような協会」もしくは「教会でない協会」という性格を
帯びていると見えてくる[4]。つまり世俗の教会をベースにした協会（アソ
シエーション）が、米国のNPOの原型（のひとつ）であり、それゆえ
非課税の団体として広範囲に認められてきたのではないか。

　このように原理から考察してみると、米国のNPOやNPOセクター
は、日本の非営利法人や公益法人とは、原理的なところで異なっている
のである。日本の非営利法人や公益法人は、どちらかと言えば行政組織
のような制度によって成立している。米国の非営利組織は宗教法人の世
俗型のようにつくられてきた。行政組織のような縦割り型で形成されて
きた日本の非営利法人や公益法人は、そもそも連携や協働しにくい仕組
みであったと言える。

5. 「第三者による政府」

　サラモンは、米国流の社会福祉の特徴は「第三者による政府（Third
Party Government）」というコンセプトで表現できると言っている[5]。こ
のモデルには、政府行政とNPOとの協働を進めるうえでの多くの示唆
があると思われる。もちろんこれは一種の「理念型」モデルであり、現
実には必ずしもうまく機能しているとは言えないかもしれない。しかし
日本にはそのモデルすらないのだ。モデルなしの現実だけでは、政府行
政とNPOとの協働といっても画餅で、政府行政による非営利組織の利

4　パットナムのソーシャルキャピタルという概念には、そのような宗教共同体に
　由来する社会的な信頼という含意が含まれている。近年のパットナムの著作『ア
　メリカの恩寵』などにはその宗教社会学的な含意がかなり濃厚に現れている。
5　レスターM.サラモン『NPOと公共サービス—政府と民間のパートナーシップ』
　（江上他訳　2007年、原著は1995年）

用・活用になってしまうのではないか。「理念型」は現実を批判的に考察してその先を考える根拠になるはずなのだ。

　ではあらためて「第三者による政府」は、いかにして可能になるのか。サラモンを参考にしながら、理論モデルとして考えてみよう。まず理論的な前提を考えておこう。

　第1に、政府もNPOも、現実の組織的な壁を括弧に入れることが必要となる。現実には違う組織である。違ったままの「協働」は「契約」となり、一方が他方を使役する関係になりがちである。日本の政府行政とNPOとの「協働」はだいたいにおいてそうなっている。しかし、サラモンのモデルの興味深いのはそこで両者が「バーチャル（仮想的）な存在になる」というところである。壁を越えた協力のためには、組織の壁をすりぬける「バーチャル（仮想的）な存在になる」ことが必要だというのだ。しかしそんなことが可能だろうか。

　第2に、サラモンのモデルは「第三者」という概念がキーワードである。「第三者」とは何か。政府行政でもNPOでもない存在だ。「社会福祉」という世界のための事業や活動を行うには「第三者」が必要だというのだ。社会福祉（Social Welfare）には多義的な意味があるが、ここでは個人を越えた社会レベルで良きことをもたらす社会行動ととらえておこう。すると、それは世俗でありながら世俗を超越する理念や行動という性格を帯びてくる。世俗にありながら世俗を正していくことは、いかにして可能か。そこに「第三者」という視点が関係してくる。政府行政でもない、市場でもない、「社会」という「第三者」の視点からみたときに、社会福祉への「協働」が可能になる、という含意が含まれているのだ。

6．政府行政とNPOとの「協働」はいかにして可能か

　政府行政と民間非営利組織は、言葉の上で対等な「協働」を言うこと

は易しいが、政府行政と民間非営利組織という対等でない両者が、対等な「協働」を行うことはたいへん難しい。この困難を乗り越えることは可能なのか？

　困難だが不可能ではないと考える。では、どうしたらいいのか。サラモンのいう「第三者」というキーワードを拡張して考えてみよう。政府行政とNPOよりも上位に「第三者」がある、そう仮定することを通じてはじめて可能になる、そう考えてみるのだ。どういうことか。

　平時と非常時という対比がある。現下のコロナ禍では、都道府県レベルで何度も「緊急事態宣言」が出され、平時ではありえなかった特別な制限や規制が行われた。それとともに全社会的な組織や法人や政府行政の「協働」が求められた。この場合に起こっていることはどんなことだろうか。平時の上に「非常事態」という一段上のレベルが可視化されている。通常にはありえなかったことをしなければならない緊急の必要と必然が見えているのだ。この「非常事態」が「第三者」のイメージである。通常だったら、対等でない「二者関係」が、非常事態においては有無を言わさず対等に協力しあうことを求められる。はからずも非常事態においては「協働」が可能になるのだ。

　これは「ショック・ドクトリン」のようでもある。地震や災害時には、超法規的な対応や行動が求められるからだ。非常事態や緊急事態においては、通常と異なる組織対応が求められるのは、アメリカに限らず、日本でも同じだ。

　だから、日本でも「第三者による政府」は、災害時には起こっていると考えられる。ならば、その官民協力の経験知を、社会福祉に活かせないはずはない。社会福祉も、ある意味では、当事者にとっては緊急事態が日々起こっているようなものなのだから。

　通常の業務として政府行政とNPOとの「協働」を考えるから、上下関係や支配・被支配関係、使役関係、下請け関係など、ネガティヴな組

織間関係が現れてしまうのではないか。

　もし本当に官民の協力や「協働」を考えるなら、緊急事態宣言のもとでの官民協力や非営利組織との連携を考えるべきなのだ。コロナ禍にある現在こそ、新たな官民協力や「協働」のあり方を構想できる絶好の機会なのではないか。

7.「では、どうしたらいいのだ」── ３つの提案

　理論的・原理的な提案が３つ考えられる。

　第１は、「非営利」の社会的な意味や役割を再確認し、再定義することである。グローバル化する資本主義社会における「非営利」とは何か。福祉国家の縮小と、非営利法人との関係はいかなるものになるか。とりわけ今後先進諸国で進んでいく少子化や高齢化、日本に場合には「超高齢社会」の中での社会福祉法人をふくむ非営利法人のあり方はいかなるものであるべきか、理論的な観点から定義しなおしていく必要があろう。現在の社会福祉法人を規定する法律のなかには、「非営利」であることの独自性や役割の規定はない。

　第２に、そのためにも、現在の介護保険制度に見られるような営利と非営利とを混合する疑似市場の仕組みを変えていく必要があろう。これにあたってはドイツの介護保険制度がひとつのヒントを与える。ドイツでは介護保険サービスを提供している団体の約８割が非営利組織である[6]。しかもそのほとんどを６つの主要な宗教系の非営利組織が占めている[7]。ドイツの介護保険制度は、宗教系の団体による非営利サービス提供

6　豊田謙二『質を保障する時代の公共性：ドイツの環境政策と福祉政策』（ナカニシヤ出版、2004）
7　豊田の紹介によれば、６つの福祉団体の中でも、ドイツカリタス（カトリック系）、ドイツプロテスタント教会ディアコニーの二つが断然大きく、全体の８割をしめているという。

の伝統にもとづいている。つまり市場原理ではなく、非営利原理によって提供されるサービスである。ドイツ社会では「社会福祉における補完性原理」が機能していると考えられる。ところが日本では、介護保険は公的医療制度をモデルとして設計されており、医療でのサービスの提供主体は民間の医療法人を中心としたものである。医療法人は「半営利・半非営利」つまり完全な営利でもなければ、非営利でもない法人形態である。しかし介護保険制度を抜本的に変更することは困難であろうから、「介護予防・日常生活支援総合事業」などから、非営利法人の役割の再定義をはかっていく必要があるのではないか。

第3には、社会福祉法人とNPO法人など他の非営利組織との有機的な連帯やネットワーキングのあり方についてである。現状では、異種の非営利法人の間のネットワーキングは少ない（医療法人や社会福祉法人などが傘下にNPO法人などをもっている事例は少なくない。しかし相互に独立・自立して発展してきた社会福祉法人とNPO法人などの有機的な連携や対等な立場にたった協働事業の展開などは少ない）。根拠法が違う非営利法人間の連携や協働には大きな壁がある。その壁を今後、どう乗り越えていくかは、限られた社会資源の中で「超少子高齢社会」をどう乗り越えていくかという課題にとって極めて重要である。

これからの協働や連携のあり方について、見田宗介の「交響圏とルール圏」という理論社会モデルが有益な示唆を与える。次にそれを紹介しよう。

8. 交響圏とルール圏 —— 政府行政と非営利組織の関係のモデルとして

非営利組織は、通常の市場原理からも、政府行政の公共性原理からも、はみだす組織である。原理的・本来的に、「非政府で非市場」的な組織

である。しかし日本の憲法と民法と社会福祉法律制度等の制約から、社会福祉法人は政府行政の論理と介護保険など疑似市場原理との間でダブルバインドの制約をうけてきた。次に非営利組織本来の持ち味や存在理由を活かす方向での提案を考えてみたい。

　まずは、制度と組織、という観点から、「非営利」の組織団体と、政府行政の定める制度との関係のあり方を整理してみよう。組織と制度というふたつの社会原理を共存させるモデルはあるだろうか。そのヒントが、見田宗介の「交響圏とルール圏」という論考の中にある[8]。このモデルを応用しながら非営利組織が、現代社会の中で、それにふさわしい位置づけや役割を果たせるような社会空間の構成を考えてみたいのだ。

　見田は次のように論じる。社会の中には家族や仲間集団のような親密圏が様々に存在する。その友愛や連帯から相乗効果のある社会関係が生まれてくる。そのような共同体やコミュニティの可能性をいかすにはどうしたら良いか。

　そうした関係が真に親密で友愛的である範囲は広くない。それらを強引に社会に拡大すると、小さな親密集団はきしみ、歪んで、その親密さを失っていく。反対に、社会全体をひとつの法律や制度やルールでうめつくすと、それは平等には見えるけれども表面的で機械的な平等で、人間的な深い結びつきは失われてしまう。

　見田の論考は現代社会一般の理論モデルなのだが、むしろ社会福祉の世界、非営利組織の世界、ボランティアとNPOなどの世界を考える際に、たいへん有効なモデルとなるのだ。ビジネスの世界で、親密さを大切にし、人間関係の中から相乗性や交響性[9]が生まれてくるとは考えにくい。むしろ福祉やボランティアや非営利の世界でこそ、見田モデルはその持ち味を発揮できる。グローバル化する現代の資本主義世界の中で、

8　見田宗介『社会学入門』（2006 → 2016 改訂）を参照

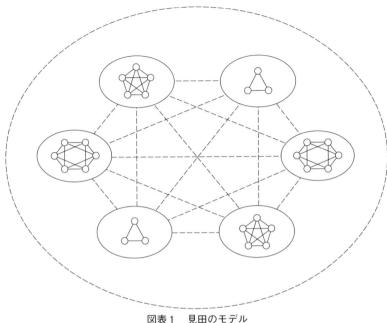

図表1　見田のモデル

出典：見田（2016：78）

社会福祉法人やNPO法人などが、このグローバル資本主義の世界とどう「協働」できるかを考えるうえで有効なモデルなのだ。

　見田宗介のモデルは図表1のようだ。

9．おわりに ── コロナ禍の時代の「協働」のために

　見田宗介の「交響圏とルール圏」というモデルは、一見するととても

---

9 「交響性（シンフォニック）」とは、人びとが異なる楽器を演奏しながら、そこに調和のとれたハーモニーが生まれるように、多様な他者が協力しあって、個人一人では成し遂げられないような社会的成果を創出することをイメージしている。交響曲を演奏するオーケストラは、その演奏によって相乗効果を生み出すコミュニティのあり方のひとつの比喩だが、具体性をもった比喩であると言える。

平凡なモデル、当たり前すぎるほど当たり前なシンプルなモデルである。しかしシンプルなだけではない。その中に不思議なエネルギーが吹き込まれているし、そのエネルギーが現実社会に湧き上がってくるよう構想されている。それが「関係のユートピア・間・関係のルール」や「交響するコミューン・の・自由な連合」というコンセプトである。どういうことか。

　「関係のユートピア」や「交響するコミューン」は、見田特有の理想社会のイメージなので、一般にはなじみのない表現かもしれない。ここではかんたんに「人間関係・社会関係の理想的な結びつき方」（お互いが対立したり否定しあう関係ではなく、尊重し高め合う関係）と考えておこう。ボランティアのグループ、非営利組織のイメージだと言える。営利を目的とせずとも人間が結びつき協力しあえるという、市場の世界、資本主義の論理からすればユートピア（ありえない世界）とも見える人間関係、社会関係である。

　こうした理想や交響は、小さく親密な共同体でしかなり立たない。社会全体をコミューン（小共同体）やボランティア団体の論理で運営するわけにはいかない。そこで法律や制度やルールが必要になるが、その場合のルールが問題である。何のためのルールか、誰のためのルールか、何を守るためのルールか。ふつうは、社会全体のため、みんなのため、偏りのない公平・公正・平等の原則から説明される。見田のモデルはそうではないのだ。「関係のユートピア」を守るためのルール、「交響するコミューン」を育て守るためのモデルである。それがここに言われる「関係のルール」であり、「自由な連合」である。

　だから、このシンプルなモデルの現実化は、ほんとうはとても難しいことだ。これまでの「公平・公正・平等の原則」を逆転させなければならないからだ。公共性という抽象的で誰のためでもない価値を、交響性という親密な人たちの生み出す価値へと転換することだからだ。[10]

　交響楽団と社会福祉法人を対比してみるとどうか。社会福祉法人の現状は、残念なことにその対極にあるのかもしれない。二重に開放して、二重に可能性を広げていけるはずだった社会福祉法人が、ぎゃくに二重に拘束されて不自由になっているからだ。社会福祉法人は、現在のダブルバインドのままでは、その本来の可能性が発揮できないのではないか。これにさらなる「改革」という名の規制や義務を課しても、ますます組織活力を削いでいくだけではないか。「改革」という名の規制ではなく、組織の活力や可能性を引き出すことのほうが本当の〈改革〉になるはずだ。もちろん、その方向性は、経済的な意味での「経営」や、政治や行政の手足にしていく方向とは正反対のはずだ[11]。

　当たり前すぎるくらい当たり前にみえる共同体とその間のルール、しかし、その当たり前が不可能なのが、現実社会ではないか。そういう声もあろう。

　しかしそうではない。考えてみてほしい。コロナ禍の緊急事態という場面で、私たちはすでに官民の通常時を超えた「協働」を経験してきている。大きな危機に遭遇した場合、これまでにない対応が必要となるのは当然だ。じつはそう意識しないまま、私たちは「第三者による政府」というこれまでになかった「協働」モデルへと足を踏み入れている。そう考えてみると、阪神・淡路大震災や東日本大震災、その他様々な災害時などで、私たちはすでに「第三者による政府」モデルを経験してきているといっても良い。ただ、その経験は一時的な緊急避難のように思わ

10　この概念が構想された源泉のひとつは、オーケストラの演奏する交響曲のイメージなのだから、それは芸術によって人間相互のつながりを深めるとともに、何か深みのある価値を生み出す小集団ということになる。世界的にオーケストラという集団が、政府行政機関でも、営利法人でもなく、非営利組織として運営されていることも示唆的である。

11　米国で非営利組織の「経営」がいわれ、ある程度成果を上げている理由や、日本でそれが言われると、いつのまにか株式会社などの営利組織の「経営」に似ていってしまうのはなぜか。その理由や解決策についても、安立清史（2020）の『超高齢社会の乗り越え方』で考察している。

れていて、すぐに揮発してしまった。見田モデルは、この「災害のユートピア」の経験を、これからの社会へと活かしていくためのモデルだとも言える。それこそ、コロナ禍のあとの社会モデルとなるのではないか。そして社会福祉法人にとっても、改革のあとの改革、という落ち穂拾いのようなものではなく、改革の先の改革、という積極的で前向きなビジョンと目標を与えてくれるものではないか。

参考文献

安立清史（2008）『福祉 NPO の社会学』東京大学出版会.

安立清史（2008b）「介護 NPO の達成と課題」上野千鶴子・大熊由紀子・大沢真理・神野直彦・副田義也編『ケアその思想と実践 6 ケアを実践するしかけ』岩波書店, 99-115.

安立清史（2019a）「社会福祉法人改革のあと社会福祉法人はどこへ向かうか――P. ドラッカーの「非営利組織の経営」論からの示唆――」関川芳孝編『社会福祉法人制度改革の展望と課題』大阪公立大学共同出版会, 159-174.

安立清史（2019b）「「介護」の先の《介護》はどこにあるか」『共生社会学』Vol.9, 105-113.

安立清史（2020）『超高齢社会の乗り越え方――日本の介護福祉は成功か失敗か』弦書房.

見田宗介（2006 → 2016）『社会学入門』岩波書店.

Putnum, R. D. and Campbell D. E., (2010) *American Grace*, (柴内康文訳 2019, 『アメリカの恩寵』柏書房.)

Salamon, L. M, (1992) *America's Nonprofit Sector : A Primer*, Foundation Center.

Salamon, L. M, (1995) *Partners in Public Service : Government-Nonprofit Relations in the Modern Welfare State.* (＝2007, 江上哲監訳『NPO と公共サービス――政府と民間のパートナーシップ』ミネルヴァ書房.)

Salamon, L. M, (2014) *New Frontiers of Philanthropy : A Guide to the New*

Tools and New Actors That Are Reshaping Global Philanthropy and Social Investing.（＝2016，小林立明訳『フィランソロピーのニューフロンティア—社会的インパクト投資の新たな手法と課題』ミネルヴァ書房.）

豊田謙二（2004）『質を保障する時代の公共性：ドイツの環境政策と福祉政策』ナカニシヤ出版.

むすびにかえて　社会福祉法人制度の展望と課題

大阪府立大学　関川　芳孝

1．あらためて社会福祉法人制度改革を振り返る

　社会福祉法人制度改革をどのように評価すべきであろうか。確かに、これは規制改革会議の求めに応じた改革であり、将来に向けた福祉ビジョン、さらには社会福祉法人制度のグランドデザインを検討した上での改革内容となっていない。しかし、社会福祉法人に求められる将来の役割についてみると、後から公表された将来に向けた福祉ビジョン「新たな時代に対応した福祉の提供ビジョン」とは一定の整合が取られているように見える。すなわち地域共生社会の実現にむけて、社会福祉法人が地域づくりにどのような形で寄与できるのか問われているからである。今回の社会福祉法人制度改革とは、それを可能とする舞台装置をつくるものであったといえる。

　制度改革の経緯からみると、規制改革会議から求められたビジョンなき改革のようにみえるが、社会福祉法人制度改革のビジョンは、福祉部会等で所定の手続きを経て検討されたものでないにせよ、あらかじめ存在したのではないか。たとえば、規制改革会議の前に設置された「社会福祉法人の在り方等に関する検討会」による議論および報告書の内容をみると、制度改革のポイントは、規制改革会議によって示された改革の論点と共通する部分が多い。うがった見方をすれば、規制改革会議および閣議決定された規制改革実施計画という外圧を利用し、社会福祉法人制度の抜本改革のきっかけを得たとみることもできる。閣議決定された規制改革実施計画が作成されなければ、厚生労働省のなかで社会福祉法人制度改革に着手することは難しかったと考えるからである。こうして

考えてみると、規制改革における議論の以前から、厚生労働省の内部において、既に周到に準備された改革のビジョンとシナリオが存在していたのではないかとも推察される。

　改正された社会福祉法人制度のスキームについては、当面の改革課題には対応できていると評価してよいだろう。あらためて、公益法人制度に準じた改革を行い、①ガバナンスを確立し、②経営情報を公開し、③一定の金額を超える内部留保については、社会福祉事業あるいは公益事業への再投下することを決めた。さらには、社会福祉法人に対し、非課税に相応しい役割として、社会福祉事業の主たる担い手としてセーフティネット機能を果たすことを求め、競合する民間企業との関係において、サードセクターにおける公益法人としての位置づけ・役割を、明確にした。これによって、産業政策の立場からの制度改正の動きを封じ込めることに成功している。

　今後しばらくは、制度環境の変化に応じて、部分的な改正が続くかもしれない。たとえば、令和２年の社会福祉法改正、社会福祉法人連携推進法人制度の創設などが続いているが、これにしても社会福祉法人制度の基本的なスキームに大きな変更を求めるものではない。当面はこのような社会福祉法人制度の一部見直しが続くであろう。

　たとえば、詳細なガバナンスコードの作成なども必要である。しかし、こうしたものであれば、社会福祉法人制度の法令の解釈、新たな通知・要綱の発令、ガイドライン等の作成・改正で対応可能と思われる。

２．三方よし型の経営戦略の展開

　懸念される問題は、制度改正の趣旨に応じて、社会福祉法人の経営が公益性を高める方向に舵取りをしていくのかである。社会福祉法人の経営者は制度改革の趣旨をどのように受けとめたのであろうか。あらため

て、社会福祉法人の存在価値を高める経営とは、今後どのような戦略が必要とされるのか、本研究から得られた知見をもとに、あらためて簡単に述べておきたい。まず、社会福祉法人制度が将来的にも持続可能であるための大前提として、①地方自治体にとっても、②サービスの利用者・家族にとっても、③地域住民にとっても、価値のある存在となることをめざし「三方よし型の経営戦略」がとられる必要がある。社会福祉法人が、公益性を高めるベクトルは三つある。

　第一に、地方自治体からこれまで以上に必要とされる存在となることをめざす必要がある。社会福祉法人の施設・事業は、施設がある地方自治体からすると、福祉サービスを提供する福祉インフラ（福祉基盤）であり、人口が減少しても事業撤退せずに将来的にも存続しつづけることが期待できる存在である。地方自自治体による福祉計画の作成および推進においても、必要なサービスの質および量の両面において計算できる大切な社会資本である。実際に地域の福祉ニーズを把握していることから、審議会等において政策形成に寄与してもらうことが期待できる。地方自治体が取り組む地域福祉の推進においても、社会福祉協議会とともに地域福祉の拠点としての役割を担い、包括的な支援体制の構築にとってなくてはならない組織の一つとして位置付けることができる。さらにいえば福祉行政に限らず、地域経営の上でも他の関係機関・団体とともに、地方自治体の重要なパートナーとなりうる可能性をもっている。社会福祉法人には、制度創設の当初の趣旨からみても、社会保障制度審議会の勧告にあるように「国及び地方公共団体が行う事業と一体となって活動」することが期待されている。社会福祉法人が、社会的弱者の生存権の保障、権利擁護など、社会福祉事業の公共的な役割を意識し、こうした方向で自治体の運営に協力することができれば、地方自治体とって価値ある存在と評価されるであろう。

　次に、サービスの利用者・家族にとって、価値のある存在であること

は、いうまでもないであろう。しかし、制度事業であるとしても、他の
競合する事業者と比較し、社会福祉法人に固有の事業価値とは何かを考
える必要がある。まず、社会福祉法人は、業界全体のサービスの質の向
上において、業務改善に経費を投下しリーディングな役割を担うことが
期待される。利用者本位でかつ質の高いサービスを提供することを通じ
て、社会福祉法人は、利用者・家族からも安心でき満足度の高い事業者
と評価される可能性がある。それと同時に、市場の失敗を補うセーフ
ティネットとして、複合的なニーズを抱え社会的に援護が必要な人や利
用料の支払いを軽減する必要がある低所得者を積極的に受け入れ、福祉
サービスの提供とともに、彼らの権利擁護に関わる役割が期待される。
社会福祉法人が、制度事業においてこのような役割を意識し経営努力す
ることで、様々な事業者が参入する福祉の市場においても、利益の確保・
効率性を重視した市場原理一辺倒の経営と一線を画し、他の事業者とは
異なる独自の存在価値を発揮することができる。

　さて、地域に対して、サービスの提供者としての役割以外に、いった
いどのような役割を担う必要があるのであろうか。既に述べたように、
人口減少し少子高齢化が進む地域において、社会福祉法人は、住民、当
事者・家族、他の関係機関団体と連携・協働し、安心して居住し続けら
れるまちづくりに積極的に参画・関与することが大切ではないか。具体
的には、これまで取り組んできた地域貢献を超えて、地域住民に開かれ
た住民参画型のコミュニティワークの基盤形成の役割を担うことが期待
される。社会福祉法人の地域戦略として、社会福祉協議会と連携して地
域の社会的なつながりを再構築することが、めざすべき方向と考える。

　こうした方向は、地域共生社会の実現にむけた取り組みのなかに描か
れているが、地域から求められる活動は厚生労働省の示した地域福祉の
枠組みにとどまらない。既存のインフラや仕組みや活動の維持など、ま
ちの再生には様々な課題がある。既にまちづくり協議会などが組織され

ている場合もあるが、必要があれば問題解決のためのソーシャルビジネスを起業する協同組合などを組織し、社会福祉法人もメンバーとして参画し、住民および関係団体等と連携して事業を起こすなどの方法も考えられよう。そうすることで地域の経済循環にも寄与でき、生活困窮者や障害者などに、新たな雇用機会を創出できる。社会福祉法人には、こうした互助による地域づくりにも、地域社会のメンバーとして積極的に参画し、様々なマルチステーク・フォルダー・プロセスのなかで協議し、貢献することが期待される。地域とのつながりが、最終的には地域福祉におけるコミュニティワークの基盤形成にも役立つはずである。こうした地域戦略が成功すれば、地域社会からも共感をえて、社会福祉法人の存在価値を高めることに成功するであろう。

3. 社会福祉法人の経営はどこをめざすのか

　しかし、社会福祉法人数は多い。事業規模はもとより、様々なタイプの法人経営が展開されている。たとえば、NPOから社会福祉法人になった法人などは、経営基盤がぜい弱な規模の小さいNPOが単独で事業・活動を行うだけでは複雑な地域社会における問題解決に十分な貢献ができないと考え、複数の社会福祉法人が中心となって呼びかけ、営利・非営利を超えた多くの機関・団体による「コレクティブな協働」「コレクティブ・インパクト」というスキームに理解をみせるかもしれない。既に述べたように、一つの社会福祉法人が、法人としてできる範囲の公益的な事業・活動に取り組んでも単体では限界があり、地域の問題解決につながらない。地域の問題解決に寄与できる地域公益的取組を考えるのであれば、地域福祉の担い手以外にも、様々な団体・組織と連携・協働し「コレクティブなインパクト」を発揮する方向をめざすべきである。地域を持続可能とするためにも、社会福祉法人には、様々な機関・団体に対し

連携・協働を呼びかけ、つながり、公益性を重視する社会セクターを拡大させる役割が期待される。

　他方、制度事業の枠のなかで、制度事業の経営に専念し、地域社会の問題解決に関わってこなかった法人にとっては、こうしたマルチ・フォルダー・プロセスの中で、ネットワークの組織ガバナンスに関わることを煩わしいと考えるかもしれない。むしろ、企業経営モデルに近い社会福祉法人の方が、地域の商工会議所や青年会議所のメンバーなど営利企業なども加わるネットワークの形成に関心を持ち、連携・協働して地域の問題解決に貢献することに意欲をみせるのではないかとも考える。しかし、社会福祉法人のこれからの経営について、全体としての方向が定まらないまま現状が推移すると、深刻な事態となろう。「社会福祉法人制度は本当に必要なのか」という立場から、ふたたび制度改革に向けた議論が始まる可能性もある。

　社会改革の動きや、地域におけるネットワークの構築などの環境の変化に適応できないと、地域において社会福祉法人の社会的な存在価値が低下しかねない。その結果として、外部環境において事業継続にとっての脅威が大きくなる。たとえば、地方自治体が限られた財源を、まちの再生のために問題解決に寄与する地域ネットワークに投下するか、老朽化した福祉施設の建替えに投下するかのいずれかの判断を迫られた場合には、費用対効果から考えれば、自治体がどちらに補助をだすかは明らかであろう。

　地方自治体の本音とすれば、地域に寄与する公益性の高い社会福祉法人のグループに事業譲渡、あるいは経営をゆだねるのであれば、施設建替えの補助も考えてもよいというところであろうか。将来は、国の財政事情が悪化し、民間企業とのイコールフッティングの立場から議論がされ、医療福祉機構からの低利の融資もなくなっているかもしれない（医療福祉機構は将来的に必要なのか。医療福祉機構の役割は地域再生に関

わる地方銀行にゆだねたらよいという議論もあり得よう）。こうした状況では、融資を受けたくとも後継者もみつからず事業継続が困難となる法人も想定される。事業継続困難法人については、地域の福祉インフラを守るため、地方自治体あるいは都道府県の経営協などが、事業譲渡や吸収合併を他の社会福祉法人に対しあっせんするなども考えられる。公費を投下し救済するべきは、事業継続困難法人ではなく、公的なインフラである。その意味では、地方から社会福祉法人の再編が始まる可能性がある。そして、社会福祉連携推進法人制度は、地方における社会福祉法人再編の突破口として活用される可能性を秘めている。

　規制改革会議における議論では、一部の委員から地域公益活動に課税相当額を投下しようとしない社会福祉法人については認可を取り消すなどして退出させる必要があると迫られた。厚生労働省は、まずはこうした法人があれば行政指導し取り組ませると回答し、平行線で終わっている。少しさかのぼってみると、2006 年に取りまとめられた『社会福祉法人経営の現状と課題』においても、質の低い法人・経営者は、退出させるべきと指摘していた。しかし、現在の社会福祉法人制度には、不祥事を起こした問題法人、さらには求められる地域公益的取組に対応しようとしない社会福祉法人に対し、退出を求めるスキームは作られていない。

　確信的にフリーライダーを決め込む社会福祉法人のセクターが少なからず残ってしまう状況が続いた場合に、今後の社会福祉法人制度の在り方を、どのように考えるべきであろうか。たとえば社会福祉法人の経営において、公益性を高めようとせずに、利益をあげ事業拡大に尽力し、民間事業者を淘汰する、あるいは民間企業の参入障壁となる経営モデルが拡大すると、イコールフッティングの前提が成り立たない。規制改革会議等から競争条件が平等でないとして、あらためて制度改革を突き付けられる可能性がある。たとえば、公益的な事業・活動に取り組まない

法人に対し認可の取り消しにより退出を求めることが難しいのであれ
ば、こうした法人については、事業利益や固定資産等に対し課税すべき
との議論も想定される。

4．社会福祉法人は再編へ向かうのか

　現在の社会福祉法人は、法人経営やガバナンスに対する考え方も様々
である。地域のために公益性の高い経営をめざす法人も増えている。し
かしながら、不正をしていないにしても、公益性を高めるガバナンス改
革に熱心でない法人経営者も少なくない。そうしたなかには、民間企業
とそん色ないビジネスモデルを確立させ、事業拡大に成功している法人
もある。そして、法人のガバナンスについて、法律が求める形式を整え
てはいるものの、もっぱら制度事業の経営に専念し、公益性を高めるた
めのガバナンスの強化に関心や理解を向けない法人も少なくないと考える。

　社会福祉法人経営の意識や価値観が変わるには、時間がかかると思わ
れる。問題なのは、いつまで待っていれば、社会福祉法人の本来的な役
割に、経営の関心が向かうのか、めどが立たないことである。たとえば、
2030年までには、社会セクターのなかで、社会福祉法人が自らのポジ
ションを確固たるものにすることができると期待してよいであろうか。
仮にそうだとして、社会福祉法人をとりまく環境は、これから10年も
の間、社会福祉法人が自ら変わるのを忍耐強く待ってくれるであろうか。

　むしろ、2040年に向けた「医療・福祉サービス改革プラン」が実際
に展開されるなかで、次なる社会福祉法人制度の抜本改革の議論が始ま
るのではないかと危惧される。制度を見直しても、実際に経営の大規模
化・協働化が進まなければ、次なる改革の矢が放たれるのではないか。
もはや社会福祉法人の自主性に任せていても事態は大きく改善すること
はないと見切りをつけられると、社会福祉法人をとりまく局面は再び制

度改革に向けて大きく転換する。こうした意味からも、社会福祉法人制度改革から5年が経過するが、この改革を過去のものと考えることは誤っている。社会福祉法人制度改革が描いたシナリオは、水面下で官邸主導の成長戦略とも連動し、これからも続いていく。なかでも、経営の大規模化・協働化の議論を踏まえて、時代や社会が社会福祉法人の経営に何を求めているのかを、深く考えることが大切である。経営の大規模化・協働化の先にある役割期待に関心をもたず、現状の経営を続けることは危険である。

　あらためて振り返ってみると、先の社会福祉法人制度改革において、経営改革に取り組まず制度事業を継続できる制度環境を温存させたことが問題であったかもしれない。制度によって保護されているから、社会改革につながる先駆的な取り組みに熱心でない、しかも業務改善によるサービスの質の向上の動きもおそい。やはり、社会福祉法人の将来の経営がどうあるべきかというビジョンのもとに、合併や事業譲渡が必要とされる意義、連携・協働が求められる理由等が深く議論されるべきであった。大規模化や連携・協働に舵を切るべきであったが、デリケートな問題であるだけに、検討の対象から外しあえて棚上げしたのであろう。そのため社会福祉法人制度改革と切り離し、制度改革成立後にしばらくして「社会福祉法人の事業展開等に関する検討会」を設置し、合併や事業譲渡による法人の大規模化のスキームや社会福祉連携推進法人による連携・協働のスキームを取りまとめた。

　合併や事業譲渡による法人の大規模化のスキーム、社会福祉連携推進法人による連携・協働のスキームを作れば、終わりというものではない。これによって社会福祉法人に対しどのような役割を期待するか、その先の議論が重要である。たとえば、地域共生社会の実現に積極的に寄与する組織として、複数法人が合併した大規模社会福祉法人や社会福祉連携推進法人を想定しているのであれば、これを後押しする明確なメッセー

ジが必要である。その上で、自治体と連携しソーシャル・インパクト・ボンドなどを立ち上げ、様々な団体と連携し公益に寄与し、地域社会が持続可能となるように社会改革に取り組もうとする法人が事業継続できる環境を整備することなどが考えられる。

　繰り返しになるが、経営の大規模化・協働化は、社会福祉法人の再編へとつながっていくかもしれないと考えている。社会福祉法人制度の歴史を振り返ってみると、戦前においては社会事業が個人・篤志家、公益法人、企業など、様々な事業家によって担われていたが、社会事業としての実態が疑わしい者、授産事業の体裁をとりつつ事業を経営し利益を上げる者なども混在していた。戦後になって、木村忠二郎等は、民間社会事業の信頼回復を目的に、玉石混淆とした民間社会事業を再編する必要があると考え、社会福祉法人制度を創設した。社会福祉法人を認可することを通じて、優れて公益性の高い社会事業を営む民間事業者だけを選別したのである。これによって、社会福祉法人を、社会福祉事業の担い手として位置づけ、これを保護・育成するため、非課税優遇を堅持し、公の支配のもとにおいて公費助成の道を開き、公的責任で行うべき措置事業を委託したのである。

　これを現在の状況に照らして考えると、あらためて様々な経営の内実に分かれる社会福祉法人ついて、将来に向けて社会的な役割を担うことが期待され、かつ取り組み実績についても社会的な評価を得ている法人に限定し、保護・育成を継続することが必要なのではないだろうか。社会福祉法人の再編は、経営の大規模化・協働化と関連し、これからの社会福祉法人制度改革のシナリオのなかに、選択肢の一つとして隠されていると考える。

　こうしたことが実際に起こらないとも言えない。先の公益法人制度改革も、同じような手法を用いて、公益法人の再編に成功している。公益法人の類型を、「一般社団法人・一般財団」と「認定公益社団、認定公

益財団」とに区別し、公益法人に対しあらためていずれかの類型に選択させ、税制優遇の対象となる公益法人に対しては、公益性の認定をした上で「認定公益社団、認定公益財団」として扱う方法をとっている。また、公益法人制度改革に先駆けて、八代尚宏も、『規制改革「法と経済学」からの提言』において、同じような提案をしている。すなわち優遇税制の廃止を前提に規制が緩やかで新たな資金調達の方法も認める新たなタイプの社会福祉法人の創設が有効であるというのである。

　政府税制調査会も、2014年「法人税の改革について」において、社会福祉法人に対する課税問題を検討しているが、一部非課税を残すのであれば、非課税に相応しいガバナンスの強化や、公益目的の事業を実際にやっているかどうかを確認する仕組みが必要との意見があったと述べている。社会福祉法人に対する課税問題は、社会福祉法人制度改革によってとりあえず棚上げされているが、多くの社会福祉法人において非課税に相応しい経営実態が伴っていないことが問題とされたならば、再燃することは確実である。社会福祉法人による地域公益的な取組みは、現況報告書において公表されているが、はたして非課税に相応しい内実が伴なっているのか、内容の検証が必要である。

　社会福祉法人が、一つの方向に向かうことが難しいのであれば、社会福祉事業のミッションを共有できる公益性の高い経営をめざす社会福祉法人のセクターを拡大する方向で社会福祉法人を再編することも、将来的に検討されるべき選択肢の一つのように考える。さらには、社会福祉法人が財政的に破綻し、事業を継続することが困難という場合には、制度的には解散という選択肢もあろうが、事業の廃止により福祉インフラの崩壊にもつながりかねない。そうなる前に、廃業やむを得ない社会福祉法人を合併等の方法をとって経営統合させるスキームの検討も必要であろう。

　こうした受け皿となる社会福祉法人の育成こそが望まれる。具体的に

は、制度事業および地域公益的取組に加えて、①過疎地域における福祉
事業の展開、②市町村と連携して取り組む災害福祉、③地域のセーフ
ティネットとして生活困窮者の支援、④異なる領域の営利・非営利の組
織とも連携し地域再生に寄与する意思と実績のある法人について、国民
の信託をえられる公益性の高い「認定社会福祉法人」として認可し直し、
非課税や補助金の交付など、優遇措置を継続する方法もあろう。小さな
社会福祉法人では、こうした事業を総合的に行うのは難しいというので
あれば、社会福祉連携推進法人を作り、グループ経営のなかで総合的な
事業展開に参画するという方法もある。

　社会福祉法人の再編は、社会福祉法人制度を存続させるための最後の
ハードランディングといえる。これによって、社会福祉法人があるべき
姿に不時着できるのであれば、取るべき選択肢の一つと考える。その狙
いは、社会福祉法人を社会セクターにおける公益性の高い非営利組織と
して再編し、法人価値を高めることにある。しかし、ひとつ間違うと、
社会福祉法人がバラバラに分断されてしまう可能性もある。厚生労働省
としては、可能であれば回避したい選択と考えると思われるが、厚生労
働省をとりまく政治的な環境しだいでは、苦渋の決断を迫られる状況も
起こりうると考えられる。現状を考えると、社会福祉法人の再編に反対
する国民はごく一部であり、社会福祉の公的インフラが維持されるので
あれば、ハードランディングもやむを得ないと考える国民が多数ではな
いか。これは、社会福祉法人への「共感」が広がっていないからである。

5.　社会福祉法人は社会変革に向かうのか

　社会福祉法人制度はこのままで持続させることができるのかと問われ
ると、正直なところあまり自信がない。社会福祉法人制度改革によって
も、経営者の意識や経営の内実は従来とあまり変わっていないのではな

いかと考えるからである。たとえば、社会福祉法人経営のガバナンスやアカウンタビリティは、実際に機能しているのであろうか。上で述べたように、社会福祉法人の再編というシナリオが現実のものとならないように、変わるべき方向を示し、これからの経営の課題を明らかにしたい。これが本研究に取り組む問題意識であった。

　本研究では、社会福祉法人の存在が、自治体からも、利用者・家族からも、地域住民からも、これまで以上に「価値あるもの」、「なくてはならないもの」と評価されるためには、どのような経営が必要なのかと考えた。結論的にいうと、社会福祉法人経営のパラダイムシフトとは、厚生労働省や地方自治体の所管組織が期待する役割に縛られず、公益性の高い非営利組織として自律的な経営をめざすことにある。仮に再編がなかったとしてもめざすべき経営モデルは先に述べた「認定社会福祉法人」の役割と基本的に同じである。すなわち、現在の制度事業の継続とともに、①過疎地域における福祉事業の展開、②市町村と連携して取り組む災害福祉、③地域のセーフティネットとして生活困窮者の支援、④異なるセクターの営利・非営利の組織とも連携・協働し、地域再生やSDGsの取り組みに寄与することが、社会福祉法人の存在価値を高めると考えている。そして、そのためにも、法人間連携により取組むことが、現実的であり効果的でもある。

　社会福祉法人制度改革の後の改革としては、地域共生社会の実現にむけて包括的な支援体制の構築、社会福祉連携推進法人の創設、合併および事業譲渡の促進などが、現在進められている。こうした改革においては、いずれも社会福祉法人に対し制度事業の担い手以上の役割を期待しており、社会福祉法人をとりまく制度環境はさらに変化している。社会福祉法人の経営を将来的に持続可能なものとするには、20年後あるいは40年後を想定した「その先の改革」を考え、先回りをして経営のかじ取りをする自律的な経営戦略が必要である。先回りして経営すると

は、2040年の人口減少・少子高齢化が進んだ社会環境に対応するため
の社会福祉法人としてのあるべき姿をイメージし、そこに向けて取るべ
き行動を中・長期の経営計画としてとりまとめて、事業を展開する。
2030年までには、上に掲げた四つの課題に対し、必要な事業体制をつ
くり具体的な事業や活動を展開しているとすると、今年度はどのように
事業や活動を始めたらよいか考える。こうした発想をとることによっ
て、制度事業の主たる担い手という過去にとらわれず、前向きに将来必
要な戦略を考えることができるはずである。

　将来に向けた経営戦略においては、国および地方自治体にとどまら
ず、地域のNPO、民間企業との新たな連携のなかで、社会福祉法人の
存在価値を際立たせることが大切である。そのためにも、まずは信頼で
きる社会福祉法人同士でつながることから始めるべきであろう。そのう
えで、社会福祉協議会やおなじ非営利組織であるNPOとの連携・協働
する体制をつくり、地域づくりに取り組む。これができれば、社会福祉
法人が、国や地方自治体などの行政組織、非営利組織、地域住民をつな
ぐ懸け橋となって、ネットワークに参画する者が対等な立場で将来の地
域社会のあるべき姿を話し合うプラットフォームを作ることができると
考える。

　既存の制度事業の経営も変わってこよう。地域を基盤として、連携・
協働のネットワークづくりに取り組むことが経営戦略のなかで意識され
るようになると考える。地域を基盤とするとは、既存事業について地域
においてサービスを提供し、地域住民から信頼されていることだけを意
味するものではない。既存事業を地域の連携・協働のネットワークにつ
なげることが大切である。そのためには、既存事業が行われている地域
において、実際に調査したデータにもとづき、地域住民とともに地域理
解を深め、既存事業に関連する福祉課題についての認識を共有する。社
会福祉法人が、自治会の役員や民生委員など共に地域の実態調査を行い

問題状況についての認識を共有することも、ネットワークを作るうえで有効な手法の一つと考える。

　本研究においても、事例研究からプロセス思考が重要であることがわかっている。すなわち、既存の制度事業を通じて得られた地域の実情や個別具体的な福祉ニーズを、構築されたプラットフォームにおいて共有し、地域住民のつながりや活動を束ねていく。こうした地域公益的取組が、地域が必要とする新たな社会資源や地域活動の開発につながることが示唆されている。地域ファーストの立場から、地域全体の状況を踏まえ、法人として必要とされる地域活動を考え、既存の制度事業とを結びつけ、既存事業をどのように活かすかを考える戦略である。社会福祉法人の既存事業が、地域の様々な社会資源とつながることで、地域における経済循環への貢献、ひいては地域再生にも寄与できよう。既存事業を手掛かりに地域に密着して行う活動は、保育所や認定こども園を経営する比較的規模の小さな法人でも可能と考える。

　さらにいえば、限界集落化する離島や過疎地域に福祉サービスや地域活動の拠点をつくり、様々な福祉ニーズをもつ地域住民の居住と生活を支えることも、地方自治体や地域住民と協働して取り組むべき社会福祉法人の役割と考える。人口減少によって、事業を始めても非効率かつ採算がとれないため、営利目的の企業が参入できない地域がさらに広がるであろう。民間企業が参入するには「無理がある」地域であり、地方自治体も公立施設を整備できないからこそ、社会福祉法人の公益性が際立つのである。

　地域外の社会福祉法人であっても、幾つもの法人と連携することで、人口が減少する過疎の地域において、サービス拠点をつくり定期的に福祉職員を派遣し、地域の住民と協働して福祉サービスを提供することができるのではないか。たとえば、介護予防・日常生活支援総合事業介護などを足掛かりにして、障害や子どものニーズなどにも対応できるよう

に、拠点の担う機能を総合化・包括化することが検討されてよい。たとえば、地域住民が参画する一般社団を組織し、介護予防・日常生活支援総合事業介護の実施主体になってもらい、社会福祉法人が共同して事業に参画するなどが考えられる。さらには、当該地域において住民が居住し続けられるために、社会福祉法人が地域の有効な社会資源の一つとして、地域再生にも積極的に貢献することが大切と考える。

　災害福祉の体制づくりへの貢献も大切な地域公益的取組の一つである。なかでも、援護を必要とする災害弱者の命と生活を守り、生活再建を支える基盤整備に、非営利組織として協力することが大切である。2040 年までの間に、首都圏直下型の大地震や南海トラフ大地震などの大きな震災の発生が考えられる。こうしたリスクに対応できるように、社会福祉法人が経営する施設等を活用し、高齢者や障害者、子どもなど災害弱者を支えるための福祉避難所としての役割を引き受けて、地域住民を始め多様な関係機関・団体とつながりネットワークを構築し、地域防災に関与することが期待される。地域防災のネットワークでは、自治体及びその関係機関も、地域自治組織、社会福祉協議会、社会福祉法人・NPO など、参画するすべてのメンバーが対等な立場で震災時の対応について話し合い、想定される様々な課題の解決について合意形成をめざすことができる。その中で、社会福祉法人としての使命を具体的な行動としてみせていくことが、地域における共感や信頼を高めることに有効と考える。

　最後になるが、生活困窮者に対する支援は、社会福祉事業の主たる担い手として「一丁目・一番地」の事業である。措置事業に限らず、制度事業の対象者であっても、経済的理由等から生活に困窮しかつ社会的にも孤立している人が地域において生活している。社会福祉法人には、社会福祉事業の主たる担い手として、こうした生活困窮者の利益を代弁・擁護し、制度に結びつけ社会参加を支援するなど、社会包摂にむけた寄

り添い型の包括的な支援を行うこと期待される。制度の枠組みから外れたニーズもあろうが、地域公益的な取組の一つと位置付け、社会福祉法人の役割と考え対応することが望まれる。市町村において構築される包括的支援体制のなかで、社会福祉法人が生活困窮者支援の役割を積極的に担うことが、セーフティネットとしての存在価値を高めることにつながるであろう。

　本研究においては、社会福祉法人が、NPO をはじめ地域の複数の関係機関や団体と連携し、地域の福祉課題に関わる事例を取り上げて検討してきた。社会福祉法人の使命とは、生活において支援が必要な人に対し、個別に必要とするサービスを提供するだけではない。福祉ニーズを抱える人たちが安心して生活を続けられるように、社会における暮らしの問題を解決することにある。したがって、個別の支援に加えて、問題解決のためには地域社会の構造や仕組みを変革するソーシャル・アクションも、社会福祉事業の主たる担い手である社会福祉法人の組織活動に含まれるものと考えている。

　たとえば、生活に困窮する一人暮らしの介護が必要な高齢者の暮らしの問題は、支援を必要とする当該個人にとっての問題であるとともに、一人暮らしの要介護高齢者であっても地域社会で居住しつづけるためにどのような生活インフラが必要とされるかという社会的な問題でもある。これは、地方自治体が取り組むべき問題とみることもできるが、地方自治体の制度や事業だけで解決できない問題も少なくない。様々な問題が複雑に関連しており、社会問題の解決には、地方自治体のみならず、地域住民自治組織、社会福祉協議会、社会福祉法人、NPO をはじめ様々な担い手が関わることが必要と考えている。

　本研究でも取り上げているように、営利を目的とする民間企業においても、社会課題の解決をつうじて企業の経済的利益を高める CSV 経営（Creating Shared Value：共有価値の創造）も広がっている。これとの

関連で、非営利組織、NPO などによる「ソーシャル・イノベーション」に関わるネットワーク構築に対し、ESG に取り組む民間企業からも関心が向けられている。公民のセクターを横断し連携・協働する「コレクティブ・インパクト」のアプローチも始まっている。社会福祉法人の経営においても、取り上げられるテーマが福祉以外の問題であっても、社会セクターにおける福祉に関わる非営利組織として、こうしたネットワークに参画し対応できる範囲で他のメンバーから期待される役割を担うことが望まれる。こうしたネットワークと関係をもつことが、ネットワークのメンバーの経営についての考え方を学ぶ機会がえられる。連携・協働することで、社会福祉法人としての理念や理想を伝えることができる。そして、事業内容や役割・機能を見せる化することにより、社会福祉法人としての存在価値をアピールすることができる。

　社会福祉法人が単独でしかもバラバラに行う地域公益的取組では、社会福祉法人の経営が社会問題の解決ひいては社会システムの変革に寄与するのは難しい。現在の地域公益的取組の多くは、こうした観点からみると評価できるほどの実績が残せていないと言わざるをえない。むしろ、行政セクターを超えて、社会セクター、民間セクターの様々な担い手とつながることによって、問題解決に向けて有効な方法も見つかるに違いない。地域公益的取組についても、行政によるガバナンスから自由となり、セクターを超えた多様な連携・協働のネットワークのなかにシフトさせることで、社会福祉法人は、「ソーシャル・イノベーション」に関わる担い手となりうると考えている。こうしたネットワークにおいて必要とされる活動が行われ他の事業主体からも信頼されるためにも、社会福祉法人相互の連携により、互いにミッションを共有し、協働して公益性を高める方向で経営を高度化することが求められる。

　最後になるが、将来の環境の変化に対応するため、不断の経営改革を続けることによって、社会福祉法人制度が、生活に困窮する人に幸せと

希望を与え、平穏で持続可能な社会づくりに寄与する重要な仕組みであると評価される時代がやってくるものと信じている。社会福祉法人制度を創設した木村忠二郎や黒木利克らも、終戦後の貧困が広がる時代において、同じような想いをこの制度に託したに違いない。社会福祉法人制度改革によって、社会福祉法人の存在に対し社会全体の共感が広がる、新しい時代の扉が開かれたものと考えたい。

参考文献

Drucker, P.F.（1990）*MANAGING THE NONPROFIT ORGANIZATION*, Harper Collins Publishers.,（＝1991, 上田惇生他訳『非営利組織の経営―原理と実践』ダイヤモンド社.）

藤田力（2020）「政策課題への一考察（第 47 回）日本の地方自治体における, ソーシャル・インパクト・ボンド（SIB）活用の実態と展望」『地方財務』789, 188-197.

堀野亘求（2019）「コミュニティビジネス・ソーシャルビジネスの可能性と課題：コレクティブ・インパクトによる社会課題解決（特集 地域社会の新たな動き）」『市政研究』203, 16-27.

井上英之（2019）「企業と社会の利益は一致する コレクティブ・インパクト実践論（特集 CSV 実現に欠かせない コレクティブ・インパクト）」『Harvard business review=Diamond ハーバード・ビジネス・レビュー』44(2), 14-28

名和高司（2015）『CSV 経営戦略―本業での高収益と, 社会の課題を同時に解決する』東洋経済.

佐藤真久・広石拓司（2018）『ソーシャル・プロジェクトを成功に導く 12 ステップ コレクティブな協働なら解決できる！ SDGs 時代の複雑な社会問題』みくに出版.

Stroh, D.P.（2015）*Systems Thinking for Social Change :A Practical Guide to Solving Complex Problems, Avoiding Unintended Consequences, and*

Achieving Lasting Results, Chelsea Green Pub.co., （＝2018，小田理一郎他訳（2018）『社会変革のためのシステム思考実践ガイド　共に解決策を見出し、コレクティブ・インパクトを創造する』英治出版.）

『社会福祉学習双書』編集委員会／編（2021）『第2巻　福祉サービスの組織と経営』全国社会福祉協議会.

八代尚宏（2003）『規制改革―「法と経済学」からの提言』有斐閣.

伊奈川秀和（2019）「社会福祉分野の連携・協力の法的枠組みに関する考察（社会的に孤立する人々に対応する持続可能な『つなぐ』支援システムに関する研究）」『福祉社会開発研究』11，5-17.

【執筆者一覧】

関川　芳孝（せきがわ　よしたか）
　大阪府立大学 大学院 人間社会システム科学研究科 教授

竹内　友章（たけうち　ともあき）
　東海大学 健康学部 助教

柴田　学（しばた　まなぶ）
　金城学院大学 人間科学部 コミュニティ福祉学科 准教授

橋川　健祐（はしかわ　けんすけ）
　金城学院大学 人間科学部 コミュニティ福祉学科 講師

金　大賢（きむ　でひょん）
　大阪府立大学大学院 博士後期課程

安立　清史（あだち　きよし）
　九州大学 大学院 人間環境学研究院 教授

OMUPの由来

大阪公立大学共同出版会(略称OMUP)は新たな千年紀のスタートとともに大阪南部に位置する5公立大学、すなわち大阪市立大学、大阪府立大学、大阪女子大学、大阪府立看護大学ならびに大阪府立看護大学医療技術短期大学部を構成する教授を中心に設立された学術出版会である。なお府立関係の大学は2005年4月に統合され、本出版会も大阪市立、大阪府立両大学から構成されることになった。また、2006年からは特定非営利活動法人（NPO）として活動している。

Osaka Municipal Universities Press(OMUP)was established in new millennium as an association for academic publications by professors of five municipal universities, namely Osaka City University, Osaka Prefecture University, Osaka Women's University, Osaka Prefectural College of Nursing and Osaka Prefectural College of Health Sciences that all located in southern part of Osaka. Above prefectural Universities united into OPU on April in 2005. Therefore OMUP is consisted of two Universities, OCU and OPU. OMUP has been renovated to be a non-profit organization in Japan since 2006.

社会福祉法人はどこに向かうのか

2021年3月31日　初版第1刷発行

編著者　関川　芳孝
発行者　八木　孝司
発行所　大阪公立大学共同出版会（OMUP）
　　　　〒599-8531 大阪府堺市中区学園町1-1
　　　　大阪府立大学内
　　　　TEL　072(251)6553　FAX　072(254)9539
印刷所　株式会社太洋社